suhrkamp taschenbuch 257

Thomas Bernhard, 1931 in Heerlen (Holland) geboren, lebt heute in Ohlsdorf (Oberösterreich). 1968 erhielt er den Österreichischen Staatspreis, 1970 wurde er mit dem Büchner-Preis ausgezeichnet. Gedichte. Prosa: *Frost, Amras, Verstörung, Prosa, Ungenach, An der Baumgrenze, Watten, Das Kalkwerk, Midland in Stilfs, Gehen.* Theaterstücke: *Ein Fest für Boris, Der Ignorant und der Wahnsinnige, Die Jagdgesellschaft, Die Macht der Gewohnheit, Der Präsident.*

Thomas Bernhards »Salzburger Stücke« sind über den äußeren Anlaß hinaus – sie wurden in Salzburg uraufgeführt – sowohl inhaltlich als auch formal an die Stadt und ihre Festspiele gebunden. Eine musikalisch-künstlerische Tätigkeit auszuüben, sie perfekt auszuüben, das ist das Thema, das Bernhard in beiden Stücken anschlägt. Sowohl die Perfektion beherrschende, exzentrische Opernsängerin in *Der Ignorant und der Wahnsinnige* als auch der Cello-Perfektion erstrebende, aber nie erreichende Zirkusdirektor Caribaldi in *Die Macht der Gewohnheit* verkörpern den gleichen Typus: den des Künstlers, der nicht versteht, wie diese künstlerische Tätigkeit – ob erfolgreich oder erfolglos – auf seine Umwelt wirkt oder wie sie damit zurechtkommt. Die künstlerische Perfektion als Kompensation für die Unvollkommenheit der Welt, als Kontrapunkt der Notwendigkeit zum Tode, das ist es, was Bernhard in seinen Figuren thematisiert.

Thomas Bernhard
Die Salzburger Stücke

Suhrkamp

suhrkamp taschenbuch 257
Erste Auflage 1975
Der Ignorant und der Wahnsinnige
© Suhrkamp Verlag Frankfurt am Main 1972
Die Macht der Gewohnheit
© Suhrkamp Verlag Frankfurt am Main 1974
Suhrkamp Taschenbuch Verlag
Satz: IBV Lichtsatz KG, Berlin. Druck: Ebner,
Ulm. Printed in Germany. Umschlag nach Ent-
würfen von Willy Fleckhaus und Rolf Staudt.

Inhalt

Der Ignorant
und der Wahnsinnige

Das Märchen ist ganz musikalisch.
Novalis

Personen

KÖNIGIN DER NACHT
VATER
DOKTOR
FRAU VARGO
KELLNER WINTER

In der Oper

Garderobe der Königin der Nacht.
Schminktisch.
Rechts und links davon ein einfacher Sessel.
Vater auf dem rechten, Doktor auf dem linken Sessel.
Kleiderständer.

DOKTOR *mit mehreren Zeitungen*
  Hören Sie
  was über die Premiere geschrieben wird
  es handelt sich
  um ein unsterbliches Werk
  ein Genie etcetera
  Vater fast blind, mit Blindenbinden und Blindenstock,
  trinkt aus einer Schnapsflasche
  Die Stimme Ihrer Tochter
  die perfekteste einerseits
  makellos andererseits
  und die Technik
  jedes zweite Wort ist das Wort authentisch
  jedes dritte Wort das Wort berühmt
  Hier
  das Wort Koloraturmaschine
  wirft eine Zeitung auf den Schminktisch
  Da
  das Wort phänomenal
  das Wort Spitzentöne
  wirft eine Zeitung auf den Schminktisch
  zwölfmal das Wort Stimmaterial
  neunzehnmal das Wort stupend
  eine exzellente Partie
  Was wir hören
  hören Sie
  ist nichts als ein Kunstgezwitscher
  was wir sehen
  Puppentheater
  Vater trinkt aus der Flasche
  Darf ich Sie darauf aufmerksam machen
  daß Sie seit elf Uhr vormittag

11

ununterbrochen trinken
Sie haben natürlich Grund dazu
natürlich
einerseits hören Sie
Ermüdungserscheinungen in der Rachearie
keinerlei Ermüdungserscheinungen in der Rachearie
andererseits
man muß in erster Linie
das Blutbild heranziehen
aber bis das so weit ist
daß ich alle Befunde habe geehrter Herr
einerseits orkanartig
der Applaus
anerkennend andererseits
überwältigend hören Sie
in der Rachearie von überzeugender
oder
von erregender Durchschlagskraft
wenn sich wie gesagt
die roten Blutkörperchen auf das beängstigendste
verringern
andererseits die weißen
auf das beängstigendste vermehren
einerseits ist die medizinische Wissenschaft
fortgeschritten
andererseits ist sie seit fünfhundert Jahren
stehengeblieben
reden wir nicht von Wissenschaft
wenn wir von der Medizin reden geehrter Herr
hören Sie
was für ein Stakkato
VATER was für ein Stakkato
DOKTOR *wirft die Zeitungen weg*
Immer der gleiche Dreck
einen Menschen wie mich ekelt noch immer
vor dem tagtäglichen Empfindungsreichtum
des Feuilletonismus
steht auf und geht hin und her
hören Sie geehrter Herr
man drängt vorsichtig die Hemisphären

12

auseinander
zurück
verstehen Sie
wodurch der sogenannte Balken
zur Ansicht gelangt
man zieht nun mit der linken Hand wohlgemerkt
die linke Hemisphäre nach außen
und oben
und ritzt
mit der Spitze des Hirnmessers
VATER mit der Spitze des Hirnmessers
DOKTOR oberhalb des Balkens
ein
das Wort Präzision ist nicht nur ein Wort
geehrter Herr
und öffnet so
auf das zweckmäßigste
die Cella media des Seitenventrikels
von welcher ich schon gesprochen habe
man beachte den Inhalt
normalerweise Liquor
manchmal auch geehrter Herr
Blut
von der Ventrikelblutung herrührend
VATER von der Ventrikelblutung herrührend
DOKTOR Die Hemisphäre wird angehoben
und eröffnet Hinter- und Vorderhorn
dasselbe auf der anderen Seite
sehen Sie
mit Daumen und Zeigefinger der linken Hand
das Corpus callosum
führt dann das Hirnmesser
mit nach abwärts gerichteter Schneide
sorgfältig
sehr sorgfältig geehrter Herr
bis zu dem sogenannten Foramen Monroi ein
durchtrennt dann Balken und Fornix
und schlägt sie zurück
Vater beide Hände auf die Knie, so daß die Blinden-
binden im Vordergrund sind

13

jetzt taucht man das Messer
in Wasser
da ein trockenes Messer den Nachteil hat
daß die Schnittflächen
nicht schön aussehen
das soll beim Sezieren des Gehirns
möglichst häufig gemacht werden
man schneidet nun unter einem Winkel von fünfund-
vierzig Grad
durch die Stammganglien
wobei man aber das Lädieren
der sogenannten Kleinhirnhemisphäre
vermeiden soll
Vater trinkt aus der Flasche
die Schwierigkeit ist
ob eine Anstalt zu empfehlen ist
oder nicht
einerseits in den Anstalten wohlgemerkt
außerordentliche Erfolge
völlige Erfolglosigkeit
andererseits
Hören Sie
bei Ödem Marmorierung
der Stammganglien
geehrter Herr
naturgemäß ist die Aufmerksamkeit immer die größte
die Aufmerksamkeit
wie die Entschiedenheit
wie die Rücksichtslosigkeit
diese drei fortwährend unerläßlich
also wie gesagt
verwaschen begrenzte helle Partien
mit rötlichen abwechselnd
die Blutpunkte betreffend können diese
durch Durchschneiden der Gefäße zustande kommen
sind aber mit dem Messer leicht wegwischbar
bei Stauung
graurote Rinde
viele Blutpunkte in der weißen Substanz
bei Ödem naturgemäß

14

    zerfließen
    respektive verschwinden die Blutpunkte
VATER verschwinden die Blutpunkte
DOKTOR bei der Encephalitis ist aber das Blut
    postmortal
    durchaus postmortal
    aus dem Gefäß ausgetreten
    und läßt sich nicht wegwischen
    Vater trinkt aus der Flasche
    die Feststellung geehrter Herr
    daß der Einfluß Ihrer Tochter auf Sie
    gleich Null ist
    andererseits haben Sie auf Ihre Tochter
    nicht den geringsten Einfluß
    auf diese Weise entwickelt sich alles
    wie wir sehen
    mich stoßen die Schnäpse ab
    geehrter Herr
    aber ich habe Sie noch nicht ein einzigesmal
    ohne Flasche gesehen
    in den ganzen drei Jahren
    in welchen ich mit Ihnen bekannt bin
    soviel ich weiß
    trinken Sie schon ein Jahrzehnt
    und zwar von dem Augenblick an
    in welchem Ihre Tochter zum erstenmal
    öffentlich aufgetreten ist
    Sie müssen zugeben
    eine ungeheuerliche Entwicklung
    eine ganz und gar erstaunliche Entwicklung
    wenn man bedenkt daß die Stimme Ihrer Tochter
    ursprünglich
    nicht zu der geringsten Hoffnung berechtigt hat
    zweifellos ist die Stimme Ihrer Tochter
    das Werk des außerordentlichen Herrn Keldorfer
    es kommt ja immer darauf an
    daß ein Material zu dem richtigen Zeitpunkt
    in die richtige Hand kommt
    daß es im richtigen Augenblick
    mit der richtigen Methode

15

nicht alle haben dieses unwahrscheinliche Glück
alle diese herrlichen Stimmen
geehrter Herr
die in die falschen Hände gekommen sind
es ist Wahnsinn
wie Hunderte von raffinierten Gesangslehrern
vornehmlich auf unseren Akademien geehrter Herr
Tausende schöner Stimmen ruinieren
skrupellos nützen diese Leute die Stimmen aus
pressen aus Tausenden von Talenten auf das gemeinste
ihren Lebensunterhalt bis zum letzten Groschen heraus
die Akademien sind von akademischen Ausnützern
bevölkert
zu einem Großteil von Scharlatanerie durchsetzt
jeder zweite Gesangslehrer ist ein Scharlartan
geehrter Herr
oder sagen wir insgesamt sind die Gesangslehrer
oder die Gesangspädagogen wie sie sich nennen
Scharlatane
setzt sich
man durchtrennt nun den Balken
und schlägt ihn wohlgemerkt nach der linken Seite
wodurch die Glandula pinealis
hinter der Commissura habenularum
zur Ansicht gelangt
Vater zieht die Binden von den Armen herunter und
steckt sie ein
machen wir eine Sektion des Kleinhirns
hebt man das Kleinhirn
vorsichtig auf
schiebt die linke Hand wohlgemerkt
unter die Kleinhirnhemisphäre
und kippt sie ein wenig
steht auf und geht hin und her
um bei der darauffolgenden Durchschneidung des
Wurms
nicht die sogenannte Rautengrube
oder die Lamina quadrigemina zu verletzten
man faßt das Messer
fiedelbogenartig

zeigt den Vorgang
VATER fiedelbogenartig
DOKTOR befeuchtet es
und geht median-sagittal so weit ein
bis man in das Fastigium
wie in ein klaffendes Loch schaut
VATER wie in ein klaffendes Loch
DOKTOR dann dreht man das Messer um
und verlängert den Schnitt
nach vorn
und nach rückwärts
jetzt überblickt man genau
die Rautengrube
geehrter Herr
in diesem Augenblick ist vor allem
auf die Veränderungen des sogenannten Ependyms
zu achten
setzt sich
das hätte man schon an den Seitenventrikeln machen
können
erfahrungsgemäß sind aber Ependymveränderungen
hier
in der Rautengrube
stärker
Vater trinkt aus der Flasche
daher auch leichter zu diagnostizieren
Ihre Lebensweise geehrter Herr
ist ansteckend
zwei Stunden Schlaf in der vergangenen Nacht
und den ganzen Tag
überdurchschnittlich viel beschäftigt
wenn man wie ich an einem
sogenannten wissenschaftlichen Werk arbeitet
darf man sich solche Exzesse nicht gestatten
andererseits geht eine unglaubliche Faszination davon
aus
sich gehen zu lassen
naturgemäß hängt Ihre Schlaflosigkeit
mit Ihrem Geisteszustand zusammen
und Ihr Geisteszustand geehrter Herr

17

ist die Folge des jahrzehntelangen
unnatürlichen Verhältnisses
zwischen Ihnen und Ihrer Tochter
wenn zwei gänzlich verschiedene Charaktere
noch dazu wenn es sich um Vater und Tochter handelt
ununterbrochen zusammen sind
während jeder von beiden gänzlich für sich allein
existieren müßte
wenn ich denke Ihre Tochter schläft geehrter Herr
denke ich doch nur auf das selbstverständlichste
die Stimme Ihrer Tochter schläft
die Stimme
unaufhörlich geehrter Herr nur die Stimme
während die Stimme Ihrer Tochter schläft
sitzen Sie in den Gasthäusern
andererseits haben Sie eine so ausgezeichnete Konstitution
genau diese Konstitution habe ich nicht
VATER Sie haben sie nicht
DOKTOR Im Ependym an der Lichtung des Ventrikels
was die Ependymitis granularis betrifft
feine Granulierung des Ependyms
kleine knöpfchenförmige
grießartige Knötchen
VATER feine grießartige Knötchen
DOKTOR *im Aufstehen*
man schneidet an der größten Zirkumferenz
entlang der Kante der Kleinhirnhemisphäre
wo ein weißer Markstrahl am weitesten
bis an die Oberfläche reicht
ein
und überblickt die Kleinhirnsubstanz
vor allem geehrter Herr
den Nucleus dentatus cerebelli
dasselbe macht man auch auf der anderen Seite
Man klappt nun das Gehirn zusammen
und dreht es um
so daß Basis und die Medulla oblongata
dem Obduzenten zugewendet sind
jetzt geht man unter dem Kleinhirn
das man stützt

ein
und durchschneidet die Hirnschenkel
setzt sich auf und schaut auf die Uhr
es ist auffallend
daß Ihre Tochter mit jeder Vorstellung
zu einem noch späteren Zeitpunkt
aber in der Schnelligkeit
dann in der Spontaneität
ist die äußerste Konzentration
es ist nicht das erstemal
hören Sie das Orchester ist schon im Graben
und von Ihrer Tochter nichts
die Vargo
nichts
die ganze Zeit horche ich
aber höre keine Schritte
dann
plötzlich
höre ich die Schritte
und alles geht unheimlich schnell
vor der Vorstellung einen Spaziergang machen
die Füße zu rasenden machen
in den Park hinein
unter die Rabatten geehrter Herr
was ihr in letzter Zeit zur Gewohnheit geworden ist
Vater trinkt aus der Flasche
Der Obduzent tritt immer an die rechte Seite
der Leiche
der Kopf der Leiche ist auf einen Holzblock zu legen
um die Haut des Halses gut anzuspannen
die Haut der oberen Halsgegend
geehrter Herr
darf nicht verletzt werden
da die Leichen wegen der Aufbahrung
geschont werden müssen
VATER ein rücksichtsloses Kind
ein rücksichtsloses Kind
Haben Sie denn keinerlei Einfluß
auf meine Tochter
in dieser Weise

daß sie

DOKTOR damit muß man sich abfinden
daß ein künstlerisches Geschöpf
sich vollkommen selbständig macht
es kann überhaupt nicht mehr mit andern
zusammen sein
vor allem was die Verwandtschaft betrifft
aber auch alle übrigen
ein vollkommen künstlerisches Geschöpf
ein solcher zu einem vollkommenen künstlerischen
Geschöpf gewordener Mensch
der ja kein Mensch mehr ist
geehrter Herr
kann von einem bestimmten Zeitpunkt an
überhaupt niemanden mehr
außer sich selbst
sehen
nur sich selbst
es gibt nichts mehr
außer mir
sagt sich ein solches Geschöpf
dann
wenn es sich vollkommen abschließt
und abgeschlossen hat
getrennt hat
für sich ist endgültig
braucht man keine Angst mehr zu haben
geehrter Herr
es ist eine völlig überflüssige Angst
Sie werden sehen gerade zu dem richtigen Zeitpunkt
kommt sie herein
und sie tritt genau zu dem richtigen Zeitpunkt auf
genau dann
wenn Sie es nicht mehr aushalten
und sich Ihren Kopf schon zerbrochen haben
die sogenannten gewöhnlichen Menschen
haben immer vor den Geschöpfen Angst
geehrter Herr
und Menschen und Geschöpfe sind zweierlei
und was erst ein Kunstgeschöpf

VATER dem Vater geschieht recht
der was er sich verdient hat
nicht
zu Gesicht bekommt
DOKTOR ein solches Geschöpf zu haben
darüber läßt sich nicht streiten
nur die Ahnungslosigkeit der Menge
ist erschreckend
die den künstlichsten aller Mechanismen
nicht anerkennt
Vater trinkt aus der Flache
das Leben oder die Existenz
sind keine Existenzfrage
geehrter Herr
aber mit der Gutmütigkeit allein
ist auch nichts auszurichten
das Leben ist eine Tortur
wer das nicht begreift
und die Platitüde
nicht wieder gut
und zur Tatsache die schmerzt macht
hat nichts begriffen
andererseits kommen wir
gerade in den Angstzuständen
zu uns selbst
steht auf
das Knorpelmesser in die volle Faust
man nimmt das Knorpelmesser
in die volle Faust
und führt jetzt den Hauptschnitt aus
von der Prominentia laryngea
bis zur Symphyse
sehen Sie
wobei man in der Nabelgegend wohlgemerkt
etwas nach links ausweicht
geehrter Herr
*Vater dreht am Lautsprecher. Geräusche aus dem Orchester-
und Zuschauerraum von jetzt an zunehmend*
im Bereich des Sternum dringt man mit dem Schnitt
sogar bis zum Periost vor

dann den Kreuzschnitt
und durchtrennt Haut
Unterhautzellgewebe etcetera
vordere Bauchmuskulatur samt Faszie
und dringt vorsichtig
bis zum Peritoneum parietale vor
um dieses und den darunter gelegenen Darm
nicht zu verletzen
normalerweise
klare seriöse Flüssigkeit geehrter Herr
unter pathologischen Bedingungen geehrter Herr
kann eine Vermehrung der Flüssigkeit
in der Bauchhöhle eintreten
Ascits
VATER Ascits
DOKTOR das gestattet einen Hinweis bei Leberzirrhose
cardialer Stauung etcetera
oder Pfortaderthrombose
es kann sich bei den verschiedenen Formen
der Peritonitis
ein eitriges
fibrinöses Exsudat finden
Haemaskos
Cholaskos etcetera
VATER Haemaskos
Cholaskos
DOKTOR man besichtigt das Omentum majus
dieses zieht von der Taemia omentalis
des Colon transversum
schürzenförmig wohlgemerkt
hinunter ins kleine Becken
bei entzündlichen Prozessen
in der Bauchhöhle geehrter Herr
kommt es zu Adhäsionen mit dem Netz
das Netz ist nach dieser Richtung hin verzogen
ein vollkommen verzogenes Netz
worauf man auf den Ausgangsprozeß schließen kann
man schlägt einfach das Netz nach oben
und betrachtet den Situs der Bauchorgane
ob die Leber weit herunterreicht

zum Vater und tastet ihn ab
hier
sehen Sie
an dieser Stelle
ob die Darmschlingen stark gebläht sind
der Magen weit herunterreicht
drückt ihm auf den Magen
Gastroptose natürlich
und ob die Milz vergrößert ist
schaut auf die Uhr
In letzter Zeit geht sie mit Vorliebe in den Park
auf einmal in den Park
unter das Vogelgezwitscher
verstehen Sie
VATER Oder sie sperrt sich in ihrem Zimmer ein
DOKTOR Sagen Sie selbst
diese Gewohnheit ist die merkwürdigste
VATER
DOKTOR In ihrem Zimmer
VATER Meines Wissens
DOKTOR Bei zugezogenen Vorhängen
Aber wie sie selbst sagt
ohne sich mit der Partie zu beschäftigen
ganz im Gegenteil lenkt sie sich
durch die verschiedensten selbsterfundenen Methoden
von der zu singenden Partie ab
hin- und hergehend
erledigt sie
in das Magnetophon diktierend
ihre Korrespondenz
oder sie memoriert einen Schauspieltext
ganze Abschnitte aus dem Lear
oder wie ich weiß
neuerdings aus dem Tasso spricht sie
oder sie sitzt am Fenster und legt die Handflächen
auf das Fensterbrett
mit geschlossenen Augen
meine Beobachtungen
geehrter Herr
führen naturgemäß zu Befürchtungen

VATER Zu Befürchtungen
zu Befürchtungen
DOKTOR Zu Befürchtungen allerdings
Die Tatsache ist daß Ihre Tochter sich in letzter Zeit
auf das beängstigendste verändert hat
sie ist nicht mehr die gleiche
was wir jetzt sehen
ist etwas ganz anderes
es ist das Entgegengesetzte von dem
das wir noch vor einem Jahr gesehen haben
weil es sich aber um ein Kunstgeschöpf handelt
doch um das gleiche
verstehen Sie
einerseits ist es dieselbe
andererseits nicht
es ist die größte Schwierigkeit
für die Umgebung
daß es sich vor allem um eine Stimme
und zwar um eine ganz bestimmte Stimme
die heute eine der berühmtesten
und wohlgemerkt tatsächlich eine der schönsten ist
nicht aber um einen Menschen handelt
das zu begreifen ist einem Vater natürlich unmöglich
VATER *trinkt aus der Flasche*
DOKTOR *setzt sich*
eine noch größere
eine noch viel größere Wachsamkeit geehrter Herr
dazu Behutsamkeit
empfiehlt sich jetzt
wo es sich um ein perfektes Geschöpf
in einer zweifellos kopflosen Natur handelt
Vater zieht sich blitzartig die Binden auf die Arme
Frau Vargo tritt mit der Krone auf und hängt sie auf
den Kleiderständer, bleibt kurz stehen und beobachtet
vorwurfsvoll kontrollierend zuerst den Vater, dann
den Doktor, wieder ab
natürlich frage ich mich
mit was für einem Menschen ich es zu tun habe
wenn ich diese Person sehe
eine ausgezeichnete Person zweifellos

zweifellos ausgezeichnet
die Vargo ist zweifellos eine ganz und gar
ausgezeichnete Person
Sehen Sie geehrter Herr
Sie können beruhigt sein
ist die Vargo aufgetreten
dauert es auch nicht mehr lange bis Ihre Tochter
kommt
das bedeutet daß Ihre Tochter schon im Haus ist
ich verstehe Sie empfinden die Tatsache
daß die Krone jetzt auf dem Kleiderständer hängt
als einen unglücklichen Umstand
hätten wir nicht die Fähigkeit uns abzulenken
geehrter Herr
müßten wir zugeben
daß wir überhaupt nicht mehr existieren
die Existenz ist wohlgemerkt immer
Ablenkung von der Existenz
dadurch existieren wir
daß wir uns von unserem Existieren ablenken
zuerst haben Sie Ihre Flasche versteckt
dann haben Sie den Versuch gemacht
die Flasche zu verstecken
jetzt machen Sie schon jahrelang diesen Versuch
nicht mehr
ganz offen
und ohne geringste Skrupel geehrter Herr
trinken Sie
noch dazu in der Garderobe Ihrer Tochter
aus der Flasche
und es ist Ihnen vollkommen klar
daß Sie fortwährend betrunken sind
diesem Unterhaltungsmechanismus
kommt aber dieser Umstand
vollauf zugute
einen Menschen wie Sie
kann man ohne weiteres eine Wissenschaft unterstellen
zugegeben
haben Sie alle Vorzüge eines einer Person
wie der meinigen

25

ungemein förderlichen Objekts
das ist in der Tat eine Auszeichnung
wenn Sie eine Person
wie die Vargo hassen
damit erreichen Sie nichts
diese Leute beobachten fortwährend
und machen ihre Beobachtung zu einem krankhaften
Zustand
von dem sie sich nicht mehr trennen können
weil sie ihren Kopf nicht beherrschen
hier kann nur mit Überraschungseffekten
gekommen werden
damit ist aber nicht eine
äußerliche Überraschung gemeint
ich denke wieder an den Kopf
aber so sehr sich alle diese Leute darum bemühen
und wie nachdrücklich sie auch immer darauf
hinweisen
sie haben keinen Kopf auf
dadurch haben sie naturgemäß
überhaupt kein Beurteilungsvermögen
Sie gehen
einmal folgerichtig einmal nicht
solange Sie gehen
durch eine vollkommen kopflose Gesellschaft
und haben die ganze Geschichte in ihrem Rücken
tatsächlich schleifen Sie ja Ihr ganzes Leben
die Geschichte hinter sich her
und sehen vor lauter Köpfen keinen einzigen Kopf
und haben dadurch fortwährend Angst
vor einem plötzlich auftretenden Blutgerinnsel
wenn Sie sich alle übrigen Köpfe geehrter Herr
als eine zähe stinkende
oder völlig geruchlose Masse vorstellen
sozusagen
als Wasserkopfspiegel
aus welchem Ihr eigener Kopf herausragt
und diesem Kopf ist die ganze Zeit zum Erbrechen
dadurch kann er nur noch Verrücktes
und niemals Geglücktes

zitieren geehrter Herr
Ist ein solcher Kopf unter lauter Köpfen
nicht ein erbarmungswürdiger Zustand
die Frage ist tagtäglich
wie komme ich durch einen Trick
einen tagtäglichen neuen Trick
durch den Tag
das ist beschämend und macht zweifellos krank
steht auf und geht hin und her
Ihre Tochter ist die labilste
zweifellos auch subtilste
in ihrer Entwicklung
für ihre Umgebung beängstigend
alles an ihr ist jetzt anders
Wenn das so leicht wäre
eine Anstalt zu empfehlen
aber es gibt keine Anstalt
die empfehlenswert ist
man steckt die Leute in eine Kur hinein
zur Entziehung einer Übelkeit
sie machen eine sogenannte Entziehungskur
aber dem Menschen kann
nichts entzogen werden
schon gar nicht eine ihn umbringende Veranlagung
trinkt einer
so muß man ihn trinken lassen
zuschauen wie er trinkt
und wohin er damit kommt
wird einer wahnsinnig
können wir nichts dagegen tun
wenn das so einfach wäre
wenn wir einen Trinker
in eine Anstalt stecken
einen Wahnsinnigen
einen Verrückten
geehrter Herr
das ist ein Verbrechen
tatsächlich schämen wir uns
vor der allerhöchsten Instanz der Natur
die sich uns auf dem Gipfel der Verzweiflung zeigt

glauben Sie mir
Ihre Tochter meint es gut
wenn sie sagt
gehen Sie wieder in eine Anstalt
machen Sie eine Entziehungskur
aber kompetent ist sie nicht
Vater dreht am Lautsprecher
Die Musiker
höre ich recht
sind schon im Graben
VATER das eigene Kind
ist immer das rücksichtsloseste
DOKTOR Das ganze Leben
ist das rücksichtsloseste
geehrter Herr
und eine einzige Beschämung
Vater dreht den Lautsprecher wieder
aber Sie werden sehen
wenn die Drei Damen auftreten
und wenn die Schlange erlegt ist
ist Ihre Tochter
schon fertig gemacht
für den Auftritt
das verläßlichste in diesem Haus
sind zweifellos die Inspizienten
diese Feststellung habe ich immer gemacht
herrscht hier auch das Chaos
auf die Inspizienten ist Verlaß
beruhigen Sie sich
denken Sie an die Gefühlskälte
und an die Verstandesschärfe einer Person
wie der Vargo
und berücksichtigen Sie
den Pflichteifer Ihrer Tochter
sie würde sich niemals gestatten
zu spät zu kommen
immer später ja
aber niemals zu spät
im letzten Moment hereinzukommen bei der Tür
ist der größte Vorteil

ganz gleich um was es sich handelt
eine Methode bei Konferenzen geehrter Herr
die beste
im Stiegenhaus ein paar Koloraturen
wie Sie wissen
ein paar Schritte
und Ihre Tochter ist da
und Sie brauchen nicht länger in dem Angstzustand
zu sein
in welchem Sie sich immer in diesen Augenblicken
befinden
es ist immer das gleiche
die Vargo hängt die Krone auf den Kleiderständer
und Ihre Nerven geehrter Herr
sind zum äußersten angespannt
die Kunst und alles was damit zusammenhängt
ist als Ganzes genommen
eine ungeheure Nervenanspannung
Vater dreht den Lautsprecher wieder
haßt sie den Kapellmeister
wie diesen
geehrter Herr
singt sie am verläßlichsten
und am besten
und sie haßt keinen mit einem größeren Haß
als den
der die heutige Vorstellung dirigiert
dieser Mann hätte Fleischhauer werden sollen
nicht Dirigent
geehrter Herr
immer hören Sie wenn Sie ihn hören
einen Fleischhauer
wahrscheinlich ist Ihre Tochter
unten in der Kantine
und trinkt einen heißen Tee
aber ich bin sicher sie ist schon im Haus
dieser Besuch letztes Jahr
im Teatro Fenice
in dieser Falstaffvorstellung geehrter Herr
ist es passiert

von da ist in ihr die Veränderung eingetreten
weil sie einmal das schönste Theater der Welt
sehen hat wollen
dazu einen wie ich glaube recht mittelmäßigen Kollegen
hören
man muß einfach alles
als Ursache in Betracht ziehen
alles kann Ursache sein
möglicherweise ist es eine Todeskrankheit
geehrter Herr
die sie sich im Teatro Fenice geholt hat
aber ich bin überzeugt
daß diese Krankheit sich nicht
oder noch nicht
wenigstens nicht innerhalb der nächsten fünf oder gar
zehn Jahre
auf ihre Stimme auswirken wird
dieses schönste aller Talente geehrter Herr
wird sich noch fünf oder gar zehn Jahre entwickeln
wenn es dann plötzlich abbricht
das ist gleichgültig geehrter Herr
zweifellos es ist
wie wenn eine Maschine abgestellt wird
setzt sich
vorgestern hatte sie eine Auseinandersetzung
mit dem Korrepetitor
diese Auseinandersetzungen schaden
ihrer Stimme
Vater trinkt aus der Flasche
Wir haben
das ist erschreckend geehrter Herr
nur immer Wirkungen vor uns
die Ursachen sehen wir nicht
vor lauter Wirkungen
sehen wir keine Ursachen
Übrigens ist das Wesen der rokitanskyschen Methode
den normalen physiologischen Zusammenhang
der einzelnen Organe
möglichst zu wahren
weil durch brüskes Durchtrennen

normal bestehender Zusammenhänge
oft wichtige anatomische Befunde
verlorengehen
andererseits
oder wir eviscerieren sämtliche inneren Organe
und sezieren auf einem Tisch
steht auf
oder der virchowsche gänzliche Verzicht
auf den Zusammenhang
abtrennen
entfernen etcetera
geehrter Herr
um sich vor Infektionen zu schützen
ist es vorteilhaft
Gummihandschuhe zu verwenden
wegen der Beeinträchtigung des Tastgefühls
unterläßt man das aber
wir unterscheiden
die allgemeine
und die Detailbeschreibung
die Erhebungen äußerer Veränderungen
beispielsweise
bei gerichtlicher Obduktion oder an einem
unbekannten
tot aufgefundenen Individuum werden
aufs genaueste ausgeführt
zum Beispiel hat eine genaue Beschreibung
von Tätowierungen Hautnarben
des Gebisses
mit allen seinen Plomben zu erfolgen
wir unterscheiden dann
vor allem
zwischen männlicher und weiblicher Leiche
von großer Wichtigkeit ist die Feststellung
des Gewichts der Leiche
dieses kann unter normalen Verhältnissen
eine große Rolle spielen
zum Beispiel gibt eine ungewöhnlich magere Leiche
schon Hinweise
auf eine durch schlecht aufgenommene Nahrung

entstandene Erkrankung
weil zum Beispiel ein bösartiger Tumor des Oesophagus
diesen verengt
geehrter Herr
und so das Schlucken verhindert hatte
am einfachsten ist es
die Leiche abzuwiegen
VATER die Leiche abzuwiegen
DOKTOR ansonsten wird das Gewicht
schätzungsweise bestimmt und man gibt an
ob die Leiche kachektisch
mager
oder beleibt ist
Falstafftyp
Reithosentyp etcetera
die Feststellung der Körperlänge ist wichtig
weil sie Hinweise auf eine
abwegige Körperbeschaffenheit
gestattet
die Körperlänge hängt ganz wesentlich
von der mittleren Körperlänge der Bevölkerung ab
in unseren Gegenden ist einmeterfünfundsechzig
die mittlere Körperlänge
von diesem Mittelmaß ausgehend
gibt es gewisse Extreme
ist ein Individuum länger als einsachtzig geehrter Herr
bezeichnet man das als Hochwuchs
während eine Körperlänge von mehr als zwei Metern
als Riesenwuchs bezeichnet wird
geht hin und her
bei einem Individuum unter einszwanzig
spricht man von Zwergwuchs
neben der Feststellung der Körperlänge
muß aber auch auf die Proportionen geachtet werden
insbesondere auf den Knochenbau
der in erster Linie die Körperlänge bedingt
bei manchen sehr großen Individuen ist die Körperlänge nicht gleichmäßig
zum Beispiel sehr lange Beine
Unterlänge

geehrter Herr
ist der Abstand von der Symphyse bis zur Planta pedis
Oberlänge
der Abstand vom Scheitel
bis zum oberen Rand der Symphyse
das allein oft schon Anlaß
für das sogenannte Grundleiden
geehrter Herr
zweifellos ist was ihr das größte Vergnügen gemacht
hat
jetzt Ihrer Tochter zur Gewohnheit geworden
daß sie seit Jahren
in den Opernhäusern aus und ein geht
und ihre berühmten Koloraturen singt
ich selbst habe übrigens
wie Sie vielleicht nicht wissen
einmal vor zwanzig Jahren geehrter Herr
in einer nicht unangenehmen Baßstimme dilettiert
und ich habe bei privaten Zusammenkünften
vornehmlich im Hause eines hier in der Stadt
sehr angesehenen Spediteurs
unter lauter liebenswürdigen Leuten
die das alles sehr ernst genommen haben
den Sarastro und den Sprecher gesungen
und keine Kirche in dieser Stadt geehrter Herr
in welcher ich nicht
an jedem zweiten Sonntag mindestens
meinen Baß hören habe lassen
die Musik ist erfahrungsgemäß die Kunst
in welche die Mediziner vernarrt sind
und jeder zweite spielt an den Abenden Geige
oder Klavier
und wenn Sie sich in den Wohnungen der Ärzte um-
sehen
entdecken Sie ganze Galerien von Klavierauszügen
aller möglichen Opern
und wie Sie wissen sind die besten Musiker
aus alteingesessenen Ärztefamilien hervorgegangen
tritt ein Virtuose auf
können Sie mit Sicherheit sagen

er entstammt einer Arztfamilie
oder es handelt sich um die Kinder von Fleischhauern
die sich in den Konservatorien oder Akademien
einschreiben lassen
Vater dreht am Lautsprecher, Applaus aus dem Zuschauer-
raum, Ouvertüre
Die Ouvertüre
hör ich recht
die Ouvertüre
VATER Die Ouvertüre
FRAU VARGO Die Ouvertüre
VATER Diese fortwährenden
Komplikationen
mit meiner Tochter
DOKTOR Ein unregelmäßiger Hochwuchs
kommt bei manchen Erkrankungen
der Genitaldrüsen vor
eunuchoider Hochwuchs
ist durch eine zu große Unterlänge charakterisiert
manche Individuen erscheinen beim Sitzen
normal geehrter Herr
stehen sie aber
zu klein
Sie selbst sind dafür das beste Beispiel
Sie haben zu kurze Extremitäten
während Ihr Rumpf normal ist
Das kommt vor allem
bei chondrodystrophischen Zwergen vor
Schritte
Vater steckt sich die Binden ordnungsgemäß an die Arme.
Frau Vargo tritt von links auf, hinter ihr die Königin.
Doktor ist aufgesprungen, küßt der Königin die Hand,
während der Vater apathisch sitzen bleibt. Königin geht
zu ihm hin und küßt ihn auf die Stirn
VATER Spät mein Kind
spät mein Kind
es ist rücksichtslos
Meine große Geduld
aber der Vater verdient
eine rücksichtslose Tochter

Alle Welt bewundert dich
aber ich schäme mich
mich schmerzt die Schizophrenie
meiner Tochter
DOKTOR *zur Königin* Ihr Vater ist schon
zwei Stunden in der Oper
Sie kennen seine Nervosität
er ist nicht zu beruhigen
da habe ich ihm von meiner Tätigkeit erzählt
ich bewundere die Aufmerksamkeit Ihres Vaters
Königin küßt den Vater noch einmal auf die Stirn, mit
Frau Vargo nach rechts ab
Sehen Sie
sie ist da
ist es auch der letzte Moment
VATER Immer im letzten Moment
das ist rücksichtslos
die Ouvertüre
trinkt aus der Flasche
es ist immer das gleiche
DOKTOR Sie bedenken nicht
Sie vergessen immer
die Geschicklichkeit der Frau Vargo
das geht alles sehr schnell
ein kurzer Prozeß mit den Kostümen
VATER das ist rücksichtslos
zuerst
unter den schwierigsten Umständen
die Tochter studieren lassen
dann unter den fürchterlichsten Umständen
ununterbrochen Zeuge
ihrer Rücksichtslosigkeit
DOKTOR das dürfen Sie nicht sagen
geehrter Herr
Ihre Tochter ist die diszipliniertaste
Wenn Sie wüßten
was für eine ungeheure Schlamperei herrscht
in diesem Hause
und nicht nur in diesem Hause
es ist ein Wunder

daß Ihre Tochter überhaupt auftreten kann
unter diesen fürchterlichsten Umständen
in diesem Narrenhaus
und daß sie sich durchgesetzt hat
dazu hat sie ins Ausland gehen müssen
jetzt wo sie berühmt ist
kann sie sich
hier
behaupten
wäre sie nicht weggegangen
sie wäre heute nicht
was sie heute ist
wäre sie dageblieben
ihre Kollegenschaft hätte sie zertrampelt
sie wäre in Intrigen erstickt
sie hätte längst aufgegeben
bestenfalls wäre sie
nichts anderes als Operette
oder sie hätte sich zur Geliebten des Intendanten
degradiert
durch Rücksichtslosigkeit vor allem gegen sich selbst
ist sie zu der berühmtesten aller Koloratursängerinnen
geworden
die heutzutage auftreten
bedenken Sie was es sie gekostet hat
die unglaubliche Nervosität zu überwinden
die sie noch vor fünf oder sechs Jahren
an der Ausübung ihrer inzwischen längst erreichten
Künstlerschaft
gehindert hat
natürlich leidet jetzt
ihre Umgebung darunter
an dem
was sie heute ist
aber ihre Umgebung geehrter Herr
das müssen Sie zugeben
hat sie ja zu dem gemacht
das sie ist
ihre Umgebung hat nichts anders haben wollen
Sie haben eine Tochter

die die berühmtesten Koloraturen der ganzen Welt singt
wenn Ihnen das nicht genügt
müssen Sie verzweifeln
konsequenterweise müssen Sie sich umbringen
Was hier
in nächster Nähe Ihrer Tochter
vor sich geht
ist zweifellos
karg und künstlich geehrter Herr
aber damit hat sich die Umgebung zweifellos abzufinden
wir haben es mit einem erstaunlichen
Theater
mit einer theatralischen Eiseskälte zu tun geehrter Herr
nicht mit einem unterhaltenden elementaren Schauspiel
es ist ganz klar
daß die Umgebung eines solchen Phänomens
handelt es sich noch dazu
um eine Koloratursopranistin
von solcher Berühmtheit
zu Bewegungslosigkeit
und zu Bedeutungslosigkeit
verurteilt ist
natürlich muß man erschrecken
an der Begriffelosigkeit
Tatsache ist
daß Ihre Tochter sich
verändert hat
Ihre Redeweise
ist eine andere
Ihre Bewegungen
andere
aber die Medizin hat damit
nichts zu tun
wie die Medizin ja überhaupt nichts
mit dem Menschen zu tun hat
verstehen Sie
dieser Irrtum geehrter Herr
weil die Medizin überhaupt nichts mit dem Menschen
zu tun haben kann
das wird nicht begriffen

und stößt naturgemäß geehrter Herr
auf vollkommene Ablehnung
der Mensch interessiert die Medizin überhaupt nicht
es handelt sich um eine Wissenschaft
von den Organen
nicht um eine solche
von den Menschen
das Gewebe ist das Interessante geehrter Herr
nicht das darunter
oder dahinter
oder wie immer
die Werkzeuge sind durchaus keine philosophischen
Die Stimme Ihrer Tochter
hat sich allerdings
nicht verändert
jedenfalls hat die Öffentlichkeit
eine solche Veränderung
noch nicht wahrgenommen
die Öffentlichkeit
hält immer den Zeitpunkt für gekommen
wenn er längst vorbei ist
überhaupt hat die Öffentlichkeit kein Ohr
für Veränderungen
aber ich bin sicher Sie sehen was ich sehe
daß die Natur Ihrer Tochter in einem Prozeß
begriffen ist
der sie von Grund auf verändert
verändert hat
Ihr Fehler ist
daß Sie was Sie betrachten
immer als das gleiche anschauen
das ist zweifellos der elementarste Irrtum
VATER Wenn ich ihr sage
daß ich drei Stunden
ohne Binden gegangen bin
glaubt sie mir nicht
DOKTOR Zwischen Ihnen geehrter Herr
und Ihrer Tochter
ist nichts als das Mißtrauen
Ursache aller möglichen Krankheiten

geehrter Herr
VATER Daß ich ohne Binden
durch alle diese Straßen
und an Hunderten und Tausenden von Menschen
vorbei
gegangen bin
allerdings kenne ich diese Wege
als Kind bin ich alle diese Wege gegangen
obwohl alles ganz anders ist heute
DOKTOR Die Struktur der Wege ist die gleiche
VATER ja
die Struktur ist die gleiche
DOKTOR Wege die man als Kind geht
die man oft geht in der Kindheit geehrter Herr
ganz einfach solche Wege
die man längere Zeit geht
geehrter Herr
kann man auch blind gehn
Wenn Sie mir die Augen zubinden
finde ich durch die ganze Stadt
mein Vaterhaus geehrter Herr
das bereitete mir keinerlei Schwierigkeiten
VATER Sie glaubt natürlich nicht
was ich sage
sie hat mir noch nie geglaubt
Ihre Mutter und sie
meine Tochter
lieber Doktor
waren nichts anderes als eine Verschwörung
gegen mich
an ein Aufkommen gegen die beiden
war nicht zu denken
dadurch bin ich von Anfang an
geschwächt gewesen
nach dem Tod meiner Frau
ihrer Mutter
glaubte ich
an eine Besserung dieses Zustands
aber dieser Zustand besserte sich nicht
im Gegenteil

eine Verschlimmerung dieses Zustandes ist eingetreten
sie glaubt
wenn sie mich auf die Stirn küßt
das sei genug
alle ihre Handlungen
sind gegen mich
der Vater büßt
für die Unsinnigkeiten
Unwahrheiten
Ungeheuerlichkeiten
ihrer Mutter
DOKTOR Wer die Zeit so stark empfindet
  wie Sie geehrter Herr
  und alles so ernst nimmt
  leidet natürlich
  unter jedem Atemzug
  das ist eine Veranlagung
  die Natur ist dadurch
  eine unerträgliche
  zweifellos sind solche Menschen wie Sie
  zu bedauern
VATER Der Lohn
  ist immer
  Verachtung
  Daß ich den ganzen Tag
  und die halbe Nacht
  wie Sie wissen
  trinke
  hat seine Ursache
DOKTOR Schließlich muß man
  die Beherrschung verlieren
  für die Außenwelt
  ist eine Komödie
  was in Wirklichkeit
  eine Tragödie ist
  geehrter Herr
VATER Zwei Flaschen
  an einem Tag
DOKTOR Wenn man Ihnen
  die zwei Flaschen entzieht

gehen Sie ganz erbärmlich zugrunde
VATER es ist mir zur Gewohnheit geworden
DOKTOR man flüchtet
  in eine unsinnige Tätigkeit
  und sei es
  daß man von einem bestimmten Zeitpunkt an
  nur mehr noch trinkt
  oder auf und ab geht
  oder die ganze Zeit
  nur mehr noch mit Kartenaufschlagen verbringt
  mit Handlesen
  der eigenen Hände
  geehrter Herr
  oder mit Briefeschreiben
  oder mit wahnsinniger Lektüre
  daß man jedesmal
  wenn man aufwacht
  wieder ein Medikament einnimmt
  um wieder einzuschlafen
  und so jahrelang
  Jahrzehntelang geehrter Herr
  denn manchmal
  dauern die verrücktesten Zustände
  die einer hat
  eine Ewigkeit
  einmal glauben wir
  die Literatur
  einmal glauben wir
  die Musik
  einmal glauben wir
  Menschen
  aber es gibt kein Mittel
VATER da das bedeutungslos ist
  trinke ich jetzt schon die längste Zeit
  nur noch den billigsten Schnaps
  der Inhalt der Flasche
  ist mir gleichgültig
DOKTOR andererseits ist die Trunksucht
  ein Kunstmittel
  Königin mit der Frau Vargo herein. Königin jetzt bereits

41

im Kostüm, aber ungeschminkt, ohne Krone, die von
Frau Vargo auf dem Kleiderständer in Ordnung
gebracht wird
zum Vater
Zwischen zwei Sätzen erzwingt Ihre Tochter sich
ein Nachdenken
das ist die bemerkenswerteste Neuigkeit
von welcher für mich
geehrter Herr
eine unglaubliche Fazination ausgeht
Königin setzt sich an den Schminktisch. Frau Vargo
schminkt die Königin hastig
KÖNIGIN *zur Vargo*
Daß die Krone
nicht wackelt auf meinem Kopf
Die Beschwerden
die Sie haben
sind nichts als Einbildung
Sie sind die gesündeste
allerdings
markiert eine Koloratur
allerdings schämen Sie sich
gesund zu sein
Sie sehen eine Schande darin
markiert eine Koloratur
DOKTOR *zum Vater*
Dann ist sie
geht man längere Zeit mit ihr
schweigsam
es ist auffallend
Ihr Lieblingswort ist das Wort Luft
sehr oft gebraucht sie das Wort Szenenwechsel
auch das Wort selbstherrlich
und die Wörter Umstand und Zustand
kommen alle Augenblicke
in dem was sie spricht vor
auch scheint sie sich auf die deutsche Sprache
nicht mehr zu verlassen
sie gebraucht auffallend viel
englische und französische Wörter

42

heute singt sie die Königin der Nacht
zum zweihundertzweiundzwanzigstenmal
KÖNIGIN Ich habe einen Tisch
bei den Drei Husaren reservieren lassen
FRAU VARGO Das Kostüm ist ausgebürstet worden
die Krone ist poliert worden
Der Regieassistent entschuldigt sich
wegen seiner vorlauten Redeweise
Den Empfang bei den Musikfreunden
habe ich abgesagt
KÖNIGIN Absagen
absagen
wir müssen alles absagen
in Zukunft alles absagen
verstehen Sie
wir sagen in Zukunft alles ab
nicht wahr Doktor
wir sagen zukünftig alles ab
früher haben wir überall teilgenommen
jetzt sagen wir alles ab
wir gehen nirgends mehr hin
wir haben schon alles gesehen
alles gehört
uns ist alles auf der Welt
vertraut
wir kennen sie
wir brauchen nichts mehr
nichts
nichts
markiert eine Koloratur
Wir haben schon alles gehört
wir haben schon alles gesehen
markiert eine Koloratur
zum Vater
nicht wahr
wir kennen alles
uns ist alles bekannt
Wir kennen alle Opern
alle Schauspiele
wir haben alles gelesen

und wir kennen die schönsten Gegenden auf der Welt
und insgeheim hassen wir das Publikum
nicht wahr
unsere Peiniger
markiert eine Koloratur
wir treten auf
und verabscheuen
was wir kennen
DOKTOR Es liegt in der Natur der Sache
KÖNIGIN Sie haben recht Doktor
es liegt alles immer
in der Natur der Sache
Vater trinkt aus der Flasche
Solange ich die Koloraturen herausbringe
trete ich auf
markiert eine Koloratur
DOKTOR Die zweifellos berühmtesten Koloraturen
Königin markiert eine Koloratur
Ihr Herr Vater
ist drei Stunden
und stellen Sie sich vor
ohne Binden
durch die Stadt gegangen
KÖNIGIN *markiert eine Koloratur*
Glauben Sie ihm kein Wort
alles Lüge was er sagt
ein Blinder
ohne Binden
kommt nicht weit
die Leute stoßen ihn nieder
sie zertrampeln ihn
zum Vater
Lügner
markiert eine Koloratur
DOKTOR Ihr Herr Vater ist durchaus glaubwürdig
KÖNIGIN glaubwürdig
markiert eine Koloratur
glaubwürdig
ja das weiß ich
DOKTOR Wie ich höre

      fahren Sie nicht
      mit mir nach Paris
KÖNIGIN *markiert eine Koloratur*
   ich bin erschöpft
   tatsächlich
   ich bin erschöpft
   mein Vater ist trunksüchtig
   und ich bin erschöpft
DOKTOR Eine Reise nach Paris
   ohne die geringste Verpflichtung
   stellen Sie sich vor
   auf einer solchen Reise
   regenerieren Sie sich vollkommen
KÖNIGIN *schaut auf den Vater*
   und er
DOKTOR meiner Ansicht nach
KÖNIGIN ich kann ihn unmöglich allein lassen
   Sie sehen ja selbst
   daß er nicht zur Vernunft
   zu bringen ist
   er weigert sich
   auf das zu hören
   was ihm gesagt wird
   jetzt sind es zwei Flaschen
   in einem halben Jahr
   sind es drei
   ich brauche keine Reise
   Doktor
   das Gegenteil Doktor
VATER eines Tages werde ich umsonst warten
KÖNIGIN diese fortwährenden Beteuerungen
   natürlich
   alt werden
   markiert eine Koloratur
   alt werden
   nichts sonst
   zur Vargo
   mehr Rot auf die Wangen mehr Rot
   andererseits
   nein

45

machen Sie die Wangen weiß
ganz weiß
machen Sie sie weiß weiß
FRAU VARGO Weiß paßt immer
DOKTOR Natürlich
KÖNIGIN natürlich Weiß
Weiß natürlich
Zur Königin der Nacht
paßt Weiß
dickes Weiß
zur Vargo
da haben Sie recht
ganz dickes Weiß
Sie sind ja so schweigsam Doktor
DOKTOR Ich wiederholte die Leichenöffnung
KÖNIGIN setzen Sie sich doch
DOKTOR ich wollte gerade
Sigauds Unterscheidungen wissen Sie
Typus respiratorius
Königin markiert eine Koloratur
Typus digestorius
Typus muscularis
Typus cerebralis
VATER Typus cerebralis
Typus muscularis
Typus digesorius
DOKTOR digestorius
geehrter Herr
digestorius
VATER digestorius
DOKTOR *zur Königin*
Meine Beschäftigung
interessiert Ihren Herrn Vater
er ist der aufmerksamste Zuhörer
der sich denken läßt
Vater trinkt aus der Flasche
Auf dem Spaziergang
heute nachmittag
wollte er unbedingt
die Zergliederung

des Gehirns erklärt haben
meine Zeit war aber
zu kurz
ich hatte im Institut zu tun
aber ich versprach ihm
vor der Vorstellung
hier
in der Garderobe
einen Kurs zu geben
und da wir so lange
warteten
hatte ich Gelegenheit
mehrere Details
vorzubringen
die ich noch nicht
vorgebracht habe
In der Kantine
wo wir die Flasche kauften
gestand Ihr Herr Vater
seine große Zuneigung
um nicht das Wort Liebe sagen zu müssen
zu Ihnen
er hängt
mit seinem ganzen Wesen
an seiner Tochter
FRAU VARGO soll ich die Krone aufsetzen
KÖNIGIN nicht jetzt
noch nicht
FRAU VARGO Den Gürtel
KÖNIGIN den Gürtel
*Frau Vargo geht zum Kasten und holt einen breiten glitzernden
Gürtel mit doppelt so breiter glitzernder Schärpe heraus und
hängt ihn auf den Kleiderständer*
DOKTOR Also sagte ich
zu Ihrem Herrn Vater
mehrere Male das Wort Peritonitis
weil er durch ein plötzliches
lautes Durcheinandersprechen
vor der Garderobe
wahrscheinlich handelte es sich um Musiker

um Orchestermusiker
nicht verstand was ich sagte
nach anderer Einteilung
sagte ich
unterscheiden wir
den pyknischen Typus
den leptosomen Typus
den athletischen Typus
beim pyknischen Typus
stark entwickeltes Abdomen
gedrungener Thorax
Fettansatz etcetera
Königin markiert eine Koloratur
eine extreme Form des leptosomen Typus ist
KÖNIGIN *gleichzeitig*
der Typus asthenikus
KÖNIGIN *allein*
auch als Habitus phthisicus bezeichnet
DOKTOR richtig
das subcutane Fettpolster
zunächst dem Bereich des Abdomens
aber auch im Bereich der Extremitäten
Königin markiert eine Koloratur
ist zu prüfen
bei Leuten mit außergewöhnlich reichem subcutanem
Fettpolster
vermuten wir
Königin markiert eine Koloratur
DOKTOR *gleichzeitig mit der*
KÖNIGIN daß die eine Erkrankung innersekretorischer
Drüsen hatten
KÖNIGIN *allein*
zum Beispiel der Hypophyse
DOKTOR Dystrophia adiposogenitalis etcetera
KÖNIGIN *markiert eine Koloratur*
zum Vater
Dieses Trinken
und dieses Herumreisen
dieses fortwährende
beiderseitige Zusammensein

muß ein Ende haben
markiert eine Koloratur
zum Doktor
mein Vater ist
ein völlig heruntergekommener Mensch
markiert eine Koloratur
weil ich nachgegeben habe
markiert eine Koloratur
weil ich schwach geworden bin
und ihn
obwohl ich gewußt habe
wohin das führt
wieder mitgenommen habe
auf meine Reisen
nach Amerika
und nach Australien
der größte Fehler ist gewesen
daß ich ihn nach Skandinavien mitgenommen habe
markiert eine Koloratur
dort hat er sich das Trinken
von Schnaps angewöhnt
seither kein Tag mehr
ohne das unaufhörliche Trinken
aus der Flasche
markiert eine Koloratur
DOKTOR gewöhnlich nützt es
nichts
wenn man einem Trunksüchtigen
die Flasche entzieht
ihm die Möglichkeit nimmt
zu trinken
einem Trinker
kann man nicht helfen
KÖNIGIN *markiert eine Koloratur*
zur Vargo
Wenn Sie mir doch die Haare
feststecken
jedesmal glaube ich
selbst unter der Krone
daß ich meine Haare verliere

49

ein entsetzliches Gefühl
wirklich
ein entsetzliches Gefühl
markiert eine Koloratur
DOKTOR Wenn Ihr Herr Vater
wenigstens auf mehrere Wochen
ins Gebirge ginge
dort haben Sie doch
dieses schöne einsam
und vollkommen abseits gelegene Haus
in der guten Gebirgsluft
Königin markiert eine Koloratur
Wenn sich Ihr Herr Vater dort
mit einfacher Arbeit
Beschäftigungen beispielsweise
wie Holzhacken
oder Beerenpflücken
die Zeit vertriebe
nichts Intellektuelles
auf keinen Fall
dürfte er sich mit Büchern
oder gar mit Philosophie beschäftigen
denn daran verschlimmerte sich zweifellos
sein Zustand
in frischer Luft gehen
und besondere Sorgfalt
auf die Mahlzeiten legen
und natürlich in dem Bewußtsein
daß Sie immerfort an ihn denken
gleich wo Sie sind
sei es die entfernteste Entfernung
KÖNIGIN *zur Vargo*
Wenn Blumen kommen
schicken Sie sie sofort
in das Altersheim
Wenn jemand nach mir fragt
keine Auskunft
markiert eine Koloratur
Wenn es sich um Einladungen handelt
ablehnen

werden Briefe abgegeben
stecken Sie sie ein
aber belästigen Sie mich nicht damit
ich gebe keine Autogramme mehr
mir ist nichts mehr verhaßt
Außerdem
markiert eine Koloratur
außerdem haben wir keinen Tee mehr
besorgen Sie Tee
und nähen Sie mir die Knöpfe
an meinen Wintermantel
zum Vater Du bemühst dich
aber es ändert sich nichts
markiert eine Koloratur
wie ich mich bemühe
und sich nichts ändert
DOKTOR Wenn man sich
  ein solches Unglück
  leisten kann
  eine Verwahrlosung
  von innen heraus
  nach außen
KÖNIGIN *zum Doktor*
  Sagen Sie selbst
  ist es nicht fürchterlich
  über zweihundertmal
  die gleiche Partie zu singen
  Gehetztwerden
  durch sämtliche Opernhäuser
  von den Zauberflötenkoloraturen
  getrieben
DOKTOR Es ist ein Höhepunkt
  absolut ein Höhepunkt
  zum Vater ein Höhepunkt
  geehrter Herr
VATER ein Höhepunkt
DOKTOR Das Genie
  ist eine Krankheit
  der ausübende Künstler
  eine solche Entwicklung

51

ist ein Krankheitsprozeß
den die Öffentlichkeit
mit der höchsten Aufmerksamkeit verfolgt
eine Stimme
eine solche Koloraturstimme
wie die Ihrer Tochter
geehrter Herr
beobachtet die Menge
wie auf dem Seil
in ständiger Angst
sie könnte abstürzen
als hätten wir es
mit einem menschlichen Wesen zu tun
alles nichts als
Empfindung
zum Vater Eine solche Stimme
ist eine Kostbarkeit
geehrter Herr
und durchaus nicht alltäglich
Tausende werden ausgebildet
aber nur eine einzige
bewundern wir schließlich
VATER Ich selbst habe
eine traurige Kindheit gehabt
während meine Tochter
immer verhätschelt worden ist
DOKTOR aber nur bis zu dem Zeitpunkt
in welchem sie in die Akademie
eingetreten ist
VATER Sie hat einen Freiplatz
bekommen
schon im ersten Jahr
ein Begabtenstipendium
Der Präsident der Akademie
hat erkannt
daß es sich
um ein Talent handelt
bei meiner Tochter
Er trinkt aus der Flasche
DOKTOR Es müßte doch

eine ungeheure Befriedigung sein
die Gewißheit
einen Mechanismus als Tochter
zu besitzen
oder eine Tochter als Mechanismus
berühmt
und unvergleichlich
der die Theaterwelt
verzaubert
geehrter Herr
VATER Sie ist ungezogen
und rücksichtslos
und unbelehrbar
DOKTOR Sehen Sie doch
die Schönheit Ihrer Tochter
wie keine zweite
FRAU VARGO *zur Königin*
Ihr Herr Vater sollte nicht so viel trinken
KÖNIGIN davon spricht ja auch
der Doktor
daß die Natur
nicht zu ändern ist
markiert eine Koloratur
alles immer wieder sagen
immer wieder
das gleiche
DOKTOR Wenn sie beide sich
entschließen könnten
wenigstens kurze Zeit
auseinanderzugehn
ihr Herr Vater trennt sich
von Ihnen
seiner Gesundheit zuliebe
Königin markiert eine Koloratur
Sie trennen sich
von Ihrem Vater
Ihrer Kunst zuliebe
denn ständige Nervenanspannung
wenn wir sie als sinnlos bezeichnen müssen
schwächt die Stimme

dann singen Sie auf einmal
die Koloraturen
nicht mehr mit einer solchen
erstaunlichen Leichtigkeit
KÖNIGIN *zur Vargo*
Tragen Sie Weiß auf
viel Weiß
das Gesicht
muß ein vollkommen künstliches Gesicht sein
mein Körper
ein künstlicher
alles künstlich
DOKTOR Wie Sie wissen Frau Vargo
handelt es sich
um ein Puppentheater
nicht Menschen agieren hier
Puppen
Hier bewegt sich alles
unnatürlich
was das natürlichste
von der Welt ist
Königin markiert eine Koloratur
Das dickste Weiß
Frau Vargo
sparen Sie nicht
mit Schminke
sparen Sie nicht
Vater trinkt aus der Flasche
dickes Weiß
sehr dickes Weiß
VATER Das Weiß dick
DOKTOR Das unterstreicht
die Künstlichkeit
das unterstreicht
die natürliche Künstlichkeit
KÖNIGIN *zur Vargo*
Sind die Nähte fest
ist alles fest angenäht
fortwährend habe ich Angst
daß

wenn ich den Arm hebe
das Kostüm zerreißt
daß nichts auseinanderreißt
Frau Vargo
das ist entsetzlich
plötzlich
zerreißt das Kostüm unter dem Arm
und das Publikum
bricht in Gelächter aus
es reißt
daß nichts auseinanderreißt
plötzlich diese Bewegung
hebt blitzartig den rechten Arm und das Kostüm zerreißt unter dem Arm überlaut
schreit Es ist schon wieder zerrissen
es ist schon wieder zerrissen
wenn ich den Arm aufhebe
hebe ich den Arm
DOKTOR Aber Frau Vargo
KÖNIGIN sehen Sie Doktor
immer wieder sage ich
alles fest zusammennähen
und es zerreißt
DOKTOR Das ist ein Unglück
kurz vor dem Auftreten
zerreißt das Kostüm
KÖNIGIN Es ist immer das gleiche
kurz vor dem Auftritt
zerreißt es
das ist doch unsinnig
das ist gemein
Frau Vargo
immer wieder sage ich feste Nähte
die Nähte fest
dann hebe ich den Arm
und das Kostüm zerreißt
DOKTOR unmittelbar
vor dem Auftritt
VATER das ist unentschuldbar
Frau Vargo

Frau Vargo bemüht sich so rasch als möglich, den Riß
im Kostüm unter dem rechten Arm zuzunähen, wobei
ihr der Doktor behilflich ist

DOKTOR Haben Sie denn
keinen Spezialzwirn
Frau Vargo

KÖNIGIN Wie oft sage ich
verschaffen Sie sich
einen Spezialzwirn
aber es ist immer das gleiche
das Kostüm wird mit einem ganz gewöhnlichen Zwirn
zusammengenäht
und zerreißt natürlich
an der heikelsten Stelle

VATER dadurch wird meine Tochter
so nervös
dadurch verpatzt sie unter Umständen
eine Koloratur

DOKTOR Und die ganze Vorstellung
ist in Gefahr
Frau Vargo

KÖNIGIN Warum nähen Sie mir denn nicht
von vornherein das Kostüm so
daß es nicht zerreißen kann
daß ich mich in dem Kostüm bewegen kann
wie ich will
es ist schon hundertmal zerrissen

DOKTOR als ob dieses Zerreißen des Kostüms
zur Oper gehörte
zum Vater
das muß Ihre Tochter
ja nervös machen

KÖNIGIN immer die gleiche Prozedur Doktor
ich hebe den Arm
und das Kostüm zerreißt
das ist das
was mich verrückt macht
kein Mensch versteht
meine Nervosität
dabei macht mich dieses Zerreißen des Kostüms

verrückt
kein Mensch weiß
was ich mitmache
daß meine Umgebung die unverläßlichste ist
alles ist hier unverläßlich
in diesen Theatern und Opernhäusern wimmelt es
von unverläßlichen Leuten
DOKTOR hier herrscht nichts als der Dilettantismus
VATER Und die Schadenfreude
DOKTOR Die Schadenfreude natürlich
Frau Vargo ist fertig mit dem Zunähen und die
KÖNIGIN *sinkt verzweifelt vornüber, richtet sich aber sofort*
wieder auf
es ist fürchterlich Doktor
tatsächlich
es ist fürchterlich
hebt blitzartig den linken Arm auf, der laut hörbar
zerreißt
DOKTOR Eine Katastrophe
eine Katastrophe
Frau Vargo
Frau Vargo näht so schnell als möglich den Riß unter
dem linken Arm zu
Es eilt
hören Sie Frau Vargo
es eilt
Die Ouvertüre
FRAU VARGO Die Overtüre
so rasch habe ich
die Ouvertüre noch gar nicht gehört
auf einmal die Drei Damen
auf der Bühne
VATER Immer zu spät
und immer alles im letzten Moment
jedesmal eine Katastrophe
das ist rücksichtslos
mein Kind
KÖNIGIN Wenn man dazu
einen Vater hat
der nichts versteht

und der insgeheim haßt
was man tut
DOKTOR es eilt
Frau Vargo
Königin markiert eine Koloratur
In den heutigen Opernhäusern
ist andauernd
Katastrophenstimmung
in den Theatern insgesamt
funktioniert nichts
schnell Frau Vargo
die Drei Damen
sind schon auf der Bühne
KÖNIGIN Die Drei Damen
die Drei Damen
VATER Die Drei Damen
sind schon auf der Bühne
mein Kind
FRAU VARGO *seufzt*
So
DOKTOR Im letzten Moment
VATER Im letzten Moment
FRAU VARGO jetzt kann nichts mehr
zerreißen
gnädige Frau
DOKTOR Konzentration
nichts als Konzentration
Konzentration
ist das wichtigste
Königin markiert eine Koloratur
Der Korrepetitor müßte die Nachmittagsstunde
vorverlegen
Königin markiert eine Koloratur
Dann fragt es sich
ob
Königin markiert eine Koloratur
FRAU VARGO *zur Königin*
Heben Sie den Arm
damit Sie beruhigt sind
Königin markiert eine Koloratur und hebt zuerst den

rechten, dann den linken Arm
DOKTOR Sehen Sie
  nichts zerreißt
  jetzt ist alles fest
  die Frau Vargo
  hat alles so fest als möglich
  angenäht
  ich habe ja beobachtet
  wie fest sie die Nähte zugenäht hat
VATER Die Drei Damen
  sind schon auf der Bühne
DOKTOR Tatsächlich ist die Schlange schon erlegt
  Königin markiert eine Koloratur
  Diese unangenehme Tenorstimme
  ein ganz und gar unerträglicher Tamino
  Königin markiert eine Koloratur
  ein ganz und gar unerträglicher Tenor
  und ein ganz und gar unerträglicher Dirigent
  Königin steht auf und tritt vor und hebt so weit als
  möglich den Kopf
  und die bedeutendste Oper
  in der Operngeschichte
  Königin will zur Tür
VATER Die Krone
  die Krone nicht vergessen
FRAU VARGO *erschrocken*
  Die Krone
  natürlich die Krone
  nimmt die Krone vom Kleiderständer herunter und
  setzt sie der Königin auf
DOKTOR *zur Vargo*
  befestigen Sie sie so
  daß sie nicht herunterfallen kann
  Frau Vargo befestigt die Krone und bindet der Königin
  den Gürtel um
  Es ist schon vorgekommen
  daß eine Königin der Nacht
  die Krone verloren hat
VATER Mein schönes Kind
  Königin mit Frau Vargo ab

DOKTOR Stellen Sie sich vor
wenn auf der Bühne
wenn mitten auf der Bühne geehrter Herr
das Kostüm Ihrer Tochter
unter dem Arm zerreißt
zuerst unter dem rechten
und dann unter dem linken
zweifellos eine Katastrophe
dieses probeweise Aufheben der Arme
halte ich für eine
unbedingte Notwendigkeit
Vater dreht den Lautsprecher noch lauter auf
In dem
das man haßt
agieren zu müssen
weil man Talent
unter Umständen Genie hat
geehrter Herr
oder weil man dazu
von allen möglichen Umständen
beispielsweise vom eigenen Vater
gezwungen ist
ist fürchterlich
*jetzt Rezitativ »O zittre nicht, mein lieber Sohn« aus
dem Lautsprecher*
Das Theater
insbesondere die Oper
geehrter Herr
ist die Hölle
Arie aus dem Lautsprecher
Doktor und Vater bis zum Ende der Arie unbeweglich

Vorhang

Bei den Drei Husaren

Königin der Nacht, Vater, Doktor an einem runden
Tisch. Zwei Serviertische mit Lampen.
Winter im Hintergrund.
DOKTOR Eine ausgezeichnete Vorstellung
  Die Darstellungsweise
  exzellent
  Abgesehen vom Dirigenten
  Diese Gefühllosigkeit
  der Partitur gegenüber
  Künstlichkeit
  Königin winkt Winter heran
  Erstaunlich
  die Reaktionsunfähigkeit
  des Publikums
  Phantasiearmut
  Geradezu lähmende Dummheit
  Königin zu dem hinter ihr stehenden Winter etwas, das
  man nicht verstehen kann. Winter ab
  Falsche Einsätze
  Einen Augenblick Angst
  ständig Angst
  tatsächlich
  ununterbrochen Angst
  Wie in Coventgarden
  Wie in Coventgarden
  Wie man eine Inszenierung
  auf unerträgliche Weise
  zerrütten kann
  keine Exaktheit
  geehrter Herr
  Vorzüglichkeit der Darsteller
  der Sänger
  aber keine Exaktheit
  Es nützt nichts
  es nützt durchaus nichts
KÖNIGIN *zum Vater*
  Du hörst

du siehst nicht
aber du hörst
DOKTOR Und er hört
mit einer unglaublichen Sicherheit
alles
das Unbedeutendste
Wer nichts sieht
hört unglaublich
VATER die heutige Vorstellung
war um zehn Minuten kürzer
als die Premiere
DOKTOR Diese fortwährende Angst
glauben Sie mir
ausgezeichnete Plätze
Natürlich
an Fritz Busch
nein
KÖNIGIN jedesmal denke ich
es ist das letztemal
daß ich aushalte
daß ich durchhalte
noch einmal
und noch einmal
und noch einmal
auf einmal nicht mehr
niemehr
*Winter mit einer Flasche Wein herein, zum Doktor,
schenkt ihm einen Schluck ein, dann der Königin, dann
dem Vater, dann das ganze Glas dem Doktor, ab*
DOKTOR Was wir vermissen
ist die Präzision
die Exaktheit
die Rücksichtslosigkeit
die äußerste Künstlichkeit
wir vermissen das äußerste Künstliche
wie die Partitur
aber was wir lesen
in den Zeitungen
ist von einer erschreckenden Einfalt
wie

was einer nicht studiert hat
und also nicht kapiert hat
beschreibt
diese Unverschämtheit
geehrter Herr
Winter herein mit Speisen, die er serviert
Reduktion
geehrter Herr
Kargheit
Künstlichkeit
zu Winter
Wenn Sie Winter
begriffen haben
daß alles
das Bedenklichste ist
daß man sich auf nichts
verlassen kann
daß alles ein Grund
zu Mißtrauen
und zu Verachtung ist
Wenn Sie mit offenen Augen
agieren
und eine rücksichtslose Sektion machen
die Gegenwart
zu einem philosophischen Zustand
WINTER *zur Königin*
ein ganz außerordentlicher Erfolg
gnädige Frau
Die Zeitungen
DOKTOR *dazwischen*
Lüge Winter
alles Lüge Winter
Organe
der Unzuständigkeit
jede ein Maul
das ununterbrochen
Gemeinheit
Niedertracht
erbricht
zu Winter

Sie wissen
Gevrey Chambertin
nicht zu kalt
nicht zu warm
zur Königin
andererseits eine solche Öde
ohne Zeitungen
zu Winter
bringen Sie dem gnädigen Herrn
das Weißbrot
gebäht
Winter ab
DOKTOR Die Luft
ist in der Oper
zum schneiden
KÖNIGIN Ich habe immer Angst
daß der Eiserne Vorhang
herunterfällt
DOKTOR Ihr alter Traum
daß Sie vom Eisernen Vorhang
zerquetscht werden
Winter mit dem Weißbrot herein
DOKTOR *zu Winter* Hören Sie
die gnädige Frau
hat noch immer Angst
daß sie vom Eisernen Vorhang
zerquetscht wird
Sie erinnern sich
WINTER *serviert dem Vater das Weißbrot*
Davon hat die gnädige Frau
immer gesprochen
DOKTOR In der Metropolitanoper
ist tatsächlich
während der Vorstellung
der Eiserne Vorhang heruntergefallen
aber es ist niemand verletzt worden
Winter ab
ich glaube
während einer Vorstellung
von Fidelio

KÖNIGIN mit Kirsten
DOKTOR Mit Kirsten Flagstad
VATER Vor zwölf Jahren
DOKTOR Eine Vorstellung
   die Fritz Busch dirigiert hat
VATER der für Bruno Walter
   eingesprungen ist
DOKTOR Tatsächlich
   ich erinnere mich
   Busch ist für Walter
   eingesprungen
KÖNIGIN *ruft* Winter
   Winter
   Winter tritt auf
   Bringen Sie Mineralwasser
   Winter
   Winter ab
   jedesmal sage ich
   das letztemal
   absagen
   nicht mehr auftreten
   Schluß machen
   aus
DOKTOR Wenn es sich darum handelt
   auf dem Höhepunkt
   zurückzutreten
   Schluß zu machen
   auf dem Höhepunkt
   der Vitalität
   der Kunst
   des Ekels vor der Kunst
   lacht
   Der Zeitpunkt
   ist noch nicht da
   Winter mit Mineralwasser herein
KÖNIGIN *zu Winter*
   Wenn ich vertrauen könnte
   aber es ist kein Mensch
   dem ich vertraue
   vertrauensselig

das ist abgeschlossen
vorbei
zu Winter, der ihr Mineralwasser einschenkt
Daß das Mineralwasser ist
das glaube ich
daß das Mineralwasser ist
Winter
sonst nichts
sonst glaube ich nichts
überhaupt nichts
schaut Winter ins Gesicht
gar nichts
nur
daß das
was Sie mir jetzt einschenken
Mineralwasser ist
Winter ab
DOKTOR Der Erblindete ermüdet
naturgemäß
rascher
und intensiver
als der andere
Aber die Plumpheit der Menge
ist eine Tatsache
Kein Mensch
der mit einer größeren
Intensität
zur Königin
Zeuge Ihrer Kunst ist
KÖNIGIN Dann
nach der Vorstellung
wenn alles vorbei ist
dieser grenzenlose Appetit
DOKTOR Wenn es sich um ein mit Recht
so berühmtes Lokal
wie die Drei Husaren handelt
KÖNIGIN *zu dem unsichtbaren Winter, rufend*
Haben Sie gehört Winter
Wenn es sich um ein so berühmtes
mit Recht so berühmtes Lokal

wie die Drei Husaren handelt

DOKTOR Es ist kein Essen
es ist Extravaganz

KÖNIGIN Diese Bemerkung ist
für Sie bezeichnend Doktor

DOKTOR Die klare Suppe
und ein philosophischer Gegenstand
Das Beefsteak tatar
und
der Gedanke an Selbstvernichtung
beispielsweise

KÖNIGIN Die Schwierigkeit
unter ganz anderen Verhältnissen
immer exakt zu singen
die gleiche Partie
exakt zu singen

DOKTOR Temperaturschwankungen
Bewußtseinsschwankungen
natürlich

KÖNIGIN Bei kaltem Wetter
anstrengender
oder nicht so anstrengend
wie bei warmem
in Paris anstrengender
als in Buenos Aires
oder umgekehrt

DOKTOR oder umgekehrt

VATER Meine Tochter
beherrscht
die Schwankungen
in der Natur

DOKTOR Ein Schritt zuviel
oder ein zu großer Schritt
eine Unachtsamkeit
lächerlichster Natur
eine Unaufmerksamkeit des Partners
und alles fällt auseinander
geehrter Herr

VATER Sie stellt sich
auf die verrückteste Situation ein

DOKTOR Einmal ist es
   ein italienischer
   einmal ein spanischer
   einmal ein englischer
   einmal ein deutscher Dirigent
   lacht
VATER Sie hat sich zur Spezialistin
   entwickelt
DOKTOR Spezialistin
VATER Mit der Angst
   und mit der Ungeheuerlichkeit
   mit der Geläufigkeit
   und mit der Unsicherheit
   und mit der Rücksichtslosigkeit
   vergrößert sich die Gage
DOKTOR Natürlich
   vergrößert sich die Gage
VATER Aber jetzt
   machen sie die Villen die vielen Häuser
   unglücklich
DOKTOR Was man will
   einerseits ist
   was man dann gar nicht will
   Doktor und Vater lachen
KÖNIGIN Bei den Drei Husaren
   muß man unbedingt
   Zwiebelrostbraten oder
   ein Beefsteak tatar essen
DOKTOR Zwiebelrostbraten oder
   ein Beefsteak tatar
KÖNIGIN Es sich selbst
   zusammenstellen
   selbst mischen / zerquetschen
   selbst
   Dafür hat Winter
   Verständnis
   ruft zu Winter hinaus
   Nicht wahr Winter
   dafür haben Sie
   Verständnis

DOKTOR Ein verläßlicher
 nie aus der Rolle fallender Mann
VATER Auch Skorpion
 wie ich
KÖNIGIN Mein Vater sitzt immer
 in der zwölften Reihe
 in der Mitte der zwölften Reihe
 er sitzt immer
 auf dem gleichen Platz
VATER In der zwölften Reihe
 höre ich am besten
KÖNIGIN Links und rechts von ihm
 sitzt niemand
 für Arme und Hände
 braucht er
 die zwei Plätze neben sich
 lacht
DOKTOR Ein solcher Mensch
 wie Ihr Herr Vater
 hat ein ungemein ausgebildetes Gehör
KÖNIGIN Er hört alles
DOKTOR naturgemäß
KÖNIGIN eine nicht exakte Koloratur
 schmerzt ihn tagelang
 dann spricht er nichts
 schweigt
DOKTOR Wenn man sein ganzes Vermögen
 in eine solche Stimme gesteckt hat
 und alles
 in Erfüllung gegangen ist
KÖNIGIN Er hat sich immer gewünscht
 daß ich in Coventgarden
 die Königin der Nacht singe
 und jetzt habe ich schon zwanzigmal
 in Coventgarden gesungen
VATER Zwanzigmal
DOKTOR Wenn wir etwas erreicht haben
 und sei es das höchste
 sehen wir
 daß es nichts ist

VATER Nichts
  nichts
DOKTOR Am Ende
  nichts
  Es ist eine Tortur
  geehrter Herr
  und die Intelligenz
  eine furchtbare
KÖNIGIN Seit mein Vater
  die Binden hat
  habe ich keine so große Angst mehr
  um ihn
DOKTOR Die Gesellschaft
  ist die rücksichtsloseste
  zeigt ein Mensch eine Schwäche
  wird diese Schwäche
  ausgenützt
  darauf beruht alles
  zur Königin
  Wenn Sie im Park
  hin und her gehen
  vor der Vorstellung
  denken Sie währenddessen nicht
  daß Sie einmal
  versagen könnten
  daß Ihnen plötzlich
  die Koloratur
  nicht gelingt
  Wenn Sie in die Oper hineingehen
  daß Sie einen Skandal entfesseln
  indem Sie auf einmal
  Ihre Kunst
  nicht mehr beherrschen
  Die Künstler existieren
  glaube ich
  in ständiger Angst
  vor dem augenblicklichen Verlust
  Ihrer Künstlerschaft
  ein Sänger
  daß er plötzlich nicht mehr singen kann

ein Schauspieler
daß er auf einmal
den Text verliert etcetera
zweifellos hätte ich selbst
fortwährend diese Angst
und wäre denkbar ungeeignet
für die Ausübung einer Kunst
Die Wissenschaft
ist
ist sie einem bewußt
beruhigend
die Medizin
kennt den Angstbegriff
überhaupt nicht
zum Vater
Darf ich Ihnen
einschenken
geehrter Herr
schenkt dem Vater ein
Die Medizin
Aber was erklären
wenn doch überhaupt nichts
erklärt werden kann
wenn doch überhaupt
KÖNIGIN Vor der Vorstellung
gehe ich natürlich
meiner Person aus dem Weg
ich lenke mich ab
ich horche
ich höre
Ablenkung
DOKTOR Aber natürlich
ist Ablenkung unmöglich
KÖNIGIN *schaut auf den Vater*
natürlich
gehe ich ihm aus dem Weg
ich entziehe mich ihm einfach
habe ich mich ihm entzogen
beruhige ich mich
zum Vater

Es ist alles vorbereitet
du gehst in die Berge
ich will die Tournee allein machen
zum Doktor
Ist es etwas Wichtiges
hört er nicht
plötzlich verliert er auch
das Gehör
ruft plötzlich
Winter
Winter tritt auf
KÖNIGIN Ein Telegramm Winter
notieren Sie
Winter nimmt Bleistift und Papier
Königliche Oper Stockholm
Königliche Oper Stockholm
Winter notiert
haben Sie
Winter nickt
Königliche Oper Stockholm
Wegen plötzlicher
wegen plötzlicher
zum Doktor
hören Sie Doktor
Wegen schwerer plötzlicher
zu Winter
wegen plötzlicher schwerer Erkrankung
Einhaltung der Verpflichtung
Einhaltung der Verpflichtung
zu Winter
haben Sie
zum Doktor
Hören Sie Doktor
zu Winter
Einhaltung der Verpflichtung unmöglich
Bedaure Absage außerordentlich etcetera
Das sofort
gleich
jetzt
Winter ab

DOKTOR Aber Sie sind doch
KÖNIGIN überhaupt nicht krank
  wollen Sie sagen
  natürlich
  ich bin überhaupt nicht krank
  nicht im geringsten
  lacht
  aber ich fahre nicht nach Stockholm
  nicht nach Stockholm
  nicht nach Stockholm
  plötzlich
  und nicht nach Kopenhagen
  auch nicht nach Kopenhagen
  ruft
  Winter
  Winter tritt auf
  schicken Sie auch nach Kopenhagen
  ein Telegramm
  notieren Sie
  Winter notiert
  Königliche Oper Kopenhagen
  Wegen plötzlicher schwerer Erkrankung
  Einhaltung der Verpflichtung unmöglich
  bedaure Absage außerordentlich etcetera
  beide Telegramme sofort
  Winter ab
  zum Doktor
  Ich fahre mit meinem Vater
  in die Berge
  In die Berge Doktor
  keine Koloratur
  nichts
  Ich weiß daß mein Vater
  den unangenehmen Geruch der Leute
  die neben ihm in der Oper sitzen
  nicht verträgt
  er haßt die Ausdünstung der Opernbesucher
  sie betäubt ihn
  und in so hohem Maße
  glaube ich

73

wegen des Alkoholkonsums
DOKTOR naturgemäß
  empfindet ein Alkoholiker
  die Ausdünstung seiner Mitmenschen
  vor allem im Theater
  oder in der Oper
  als etwas Entsetzliches
KÖNIGIN Ich habe noch niemals
  eine Vorstellung abgesagt
  aber auf einmal
DOKTOR Während es zum erstenmal
  die Lüge ist
  ist es auf einmal
  möglicherweise
  eine Todeskrankheit
  Königin und Doktor lachen
VATER Widerspruch duldet sie nicht
  sie duldet keinen Widerspruch
DOKTOR Man muß die Kraft haben
  abzusagen
  etwas abzubrechen
  das zur Gewohnheit geworden ist
  eine Vorstellung absagen
  oder
KÖNIGIN Oder
DOKTOR oder mitten in der Vorstellung
  beispielsweise mitten in der Rachearie
  aufhören zu singen
  die Arme fallen lassen
  das Orchester ignorieren
  die Mitspieler ignorieren
  das Publikum ignorieren
  alles ignorieren
  dastehen
  und nichts tun
  und alles anstarren
  anstarren verstehen Sie
  plötzlich die Zunge herausstrecken
  Königin und Doktor lachen
  Zuerst förmlich absagen

mittels eines Telegramms
aber dann
plötzlich
urplötzlich
beispielsweise in der Metropolitanoper
oder in Coventgarden
an der wirkungsvollsten Stelle natürlich
einen Skandal entfesseln
eine Vorstellung platzen lassen
in die Hände klatschen
und die Zunge herausstrecken
und lachend abgehen
lachend
lachend verstehen Sie
lachend
Königin und Doktor lachen laut
VATER Meine Tochter ist einzigartig
sie singt
die kompliziertesten und die schönsten
Koloraturen der Welt
sie ist mit Recht berühmt
DOKTOR Das heißt ja nicht
daß man sich nicht einmal
einen Spaß erlauben kann
Königin und Doktor lachen
Ihre Tochter
ist die berühmteste
neben ihr
keine zweite
KÖNIGIN Plötzlich
lacht
dem Publikum
lacht
nein
schaut auf den Vater
nicht vor ihm
vor ihm nicht
DOKTOR Aber sagen Sie doch
was Sie sagen wollen
Ihr Herr Vater

akzeptiert doch
was Sie tun
wo wir doch alle jetzt schon
in ausgelassener Stimmung sind
KÖNIGIN in ausgelassener Stimmung
ruft
Winter
Winter
Winter tritt auf
Winter
was tun
wenn man etwas sagen will
und nicht sagen kann
weil einem wenigstens einer
leid tut
schaut auf den Vater
Winter
Winter kann keine Antwort geben
Dem Publikum
ins Gesicht spucken
lacht laut auf
Winter
bringen Sie jetzt
Sie wissen
Winter ab
Koloraturmaschine
Koloraturmaschine
hören Sie Doktor
Koloraturmaschine
Doktor lacht
Rücksicht
wo überhaupt keine Veranlassung dazu ist
keinerlei
davon träume ich
das sehe ich immer
mitten auf dem Höhepunkt
einen Skandal entfesseln
das ist ungeheuerlich
aber natürlich Doktor
eine Perversität

aber eine Natürlichkeit
oder plötzlich
auf dem Höhepunkt
verrückt werden
schuld sind die Eltern
nicht vertrauenerweckend Doktor
hineingestoßen worden von den Eltern
in eine einzige
ungeheuerliche Betrugsaffäre
Wenn wir uns zum Opfer
unserer Disziplin gemacht haben
total Opfer sind Doktor
Die Künstlerin auf dem Höhepunkt ihrer Kunst
ich weiß
Was für ein Stakkato
was für ein Stakkato
VATER Sie hätten meine Tochter
in Florenz hören sollen
Die Zeitungen schrieben
jedesmal wenn sie auftritt
ist ihre Kunst
eine noch perfektere Kunst
die höchsten Ansprüche
Doktor
die allerhöchsten Ansprüche
darum muß sich auch alles und jedes
immer mehr anstrengen
in so hohem Maße anstrengen Doktor
vor allem die Künstler
wie sie sich niemals vorher
angestrengt haben
die Künstler sind heute
auf die Probe gestellt
wie noch nie
jedenfalls darf keine Rücksicht
genommen werden
die Künstler nehmen keine Rücksicht
auf das Publikum
umgekehrt nimmt das Publikum
keine Rücksicht

Wer am Ziel ist
ist naturgemäß
todunglücklich
DOKTOR *zum Vater* Weil Sie nichts
oder beinahe nichts
sehen
hören Sie um so besser
geehrter Herr
ein Mensch der schlecht sieht
hört gut
wie der der schlecht hört
unter Umständen geehrter Herr
gut sieht
aber gute Ohren
können natürlich niemals
schlechte Augen ersetzen
oder umgekehrt
Königin lacht
Wenn Sie nur Ihre Tochter
sehen könnten
es ist ein schöner Anblick
geehrter Herr
Wenn es sich darum handelt
alle diese Leute
die sie haßt
von Ihrer Tochter fernzuhalten
die Menschenmenge wird immer beängstigender
wir gehen ja schon die längste Zeit
nur mehr noch durch die Hintertüren
gehen wir
gehen wir nicht allein
alles was wir tun ist
unter Kontrolle
nur wenn wir uns in ein Séparée flüchten
in die Drei Husaren zum Beispiel
und hinter verschlossenen Türen sind
aber wir werden immer angestarrt geehrter Herr
Sie selbst bemerken diesen fürchterlichsten aller Zustände
möglicherweise nicht mit einer solchen Deutlichkeit
wir erfinden Schliche

aber das Publikum holt uns immer wieder ein
atmen wir auf geehrter Herr
überrascht uns das Publikum
schon an der nächsten Ecke
Die Stimme Ihrer Tochter
ist heute die vollkommenste gewesen
Hören Sie geehrter Herr
vor allem dürfen wir den Brunettimeißel
nicht vergessen
das Doppelrachiotom
zur Königin
Ich habe Ihrem Herrn Vater versprochen
bei den Drei Husaren
in meiner Erklärung der Leichenöffnung
fortzufahren
zum Vater
nicht zu vergessen
die Durazange
Königin hustet
Vor allem muß sich Ihre Tochter
vor Verkühlungen in acht nehmen
immer an der Grenze
aller Krankheiten
ist der menschliche Körper
in ständiger Furcht
in Todesangst
Königin hustet
Wir wachen auf
und denken
wir sind verloren
ein Schmerz
eine schmerzhafte Bewegung
geehrter Herr
und wir glauben
wir sind am Ende
zum Vater
es ist ein Schritt
Winter mit einer Flasche Champagner herein
der Wunsch
tot zu sein

deshalb die Angst
vor dem Ende
Winter öffnet die Flasche, Knall
Der Zeitpunkt
ist immer der günstigste
der Zeitpunkt ist
immer günstig
Winter schenkt den Champagner ein
Sind wir unter Schauspielern
oder Sängern
geehrter Herr
sind wir unter Intriganten
Es handelt sich darum
ein Geschöpf wie Ihre Tochter
ein solches Kunstgeschöpf
vor der Kunstwelt
in Schutz zu nehmen
Königin hustet
zu Winter
Wie spät ist es denn Winter
WINTER Halbzwei
DOKTOR Halbzwei
KÖNIGIN Halbzwei
Winter ab
DOKTOR Intensität
Geistesrücksichtslosigkeit
in jedem Fall
ein tödlicher Prozeß
geehrter Herr
alle trinken den Champagner
Wenn wir die Zustände
und Umstände
die längste Zeit empfinden
und plötzlich tot umfallen
VATER Tot umfallen
DOKTOR Wir sehen einen theatralischen Künstler
wir hören eine geschulte Stimme
eine Koloratursopranistin
geehrter Herr
auf einem Misthaufen

geehrter Herr
die Kultur ist ein Misthaufen
auf welchem die Theatralischen
und die Musikalischen
gedeihen
aber es ist ein Misthaufen
geehrter Herr
schenkt allen aus der Champagnerflasche ein
Man kann diesen unnatürlichen Zustand
den wir Existenz nennen
oder die menschliche Natur
hinausziehen
künstlich
geehrter Herr
aber dazu besteht keine Notwendigkeit
andererseits will ich meine wissenschaftliche Arbeit
fortführen
die Schrift an welcher ich seit zwanzig Jahren arbeite
abschließen eines Tages
dann ist zweifellos alles zerrissen
die Existenz Ihrer Tochter
Königin hustet
ist gerade diesem
mich vollkommen in Anspruch nehmenden Werk
einer zwölfbändigen Arbeit
über den menschlichen Körper
geehrter Herr
im höchsten Grade nützlich
wahrscheinlich ist es allein die Existenz Ihrer Tochter
die mich die vor Jahren
bevor ich Ihre Tochter
und Sie geehrter Herr kennengelernt habe
schon aufgegebene Schrift
schließlich und endlich doch abschließen lassen wird
Königin hustet
Unsere Handlungsweise ist naturgemäß
eine dilettantische
andererseits zerfällt alles
verschlimmert sich alles
um Ihre Tochter herum

die äußerste Konsequenz duldet nichts
neben sich
gerade jetzt singt sie so
wie noch keine vorher
gesungen hat
Hektik
geehrter Herr
nichts als Hektik
und die mit dieser Hektik
zusammenhängende Verrücktheit
Merken Sie sich
geehrter Herr
man eröffnet den Herzbeutel
indem man nahe der Herzspitze
mit Pinzette und Darmschere
oder mit dem Hirnmesser
einen kleinen Einschnitt macht
den man
V-förmig
geehrter Herr
nach beiden Seiten verlängert
Man achte auf den Inhalt
der Pericardialhöhle
Königin hustet
Normalerweise findet man
eine geringe Menge
trüber Flüssigkeit
pathologisch kann man
seröses oder eitriges Exsudat
Blut
oder Transsudat
Hydropericard
geehrter Herr finden
bei Concretio muß man das Herz
mit dem adhärierenden Herzbeutel sezieren
Als Anhaltspunkt
der Vergleich
mit der rechten Faust
Also der Herzschnitt
geehrter Herr

man faßt die Vorderwand
der rechten Kammer
zieht das Herz
etwas nach abwärts
und bekommt dadurch
eine gerade Linie
Winter erscheint und bleibt im Hintergrund stehen
Der sogenannte Rokitanskyschnitt
dient zur Eröffnung
des linken Ventrikels
geehrter Herr
man faßt den
weiter vorn gelegenen Zipfel
zwischen drittem und viertem Finger
der linken Hand
und fährt mit Zeigefinger und Daumen
in die Öffnung des linken Ventrikels hinein
und zieht das ganze so fixierte Herz
nach abwärts
Die Aorta liegt
unter dem Zipfel unmittelbar
im Septum
Die Rokitanskysche Schnittführung
hat den Vorteil
die Aorta pulmonalis zu erhalten
es wird aber das Septum membranaceum und damit
auch das Reizleitungssystem zerstört
Königin winkt Winter heran. Winter hinter ihr.
Königin flüstert ihm etwas ins Ohr. Winter ab
Was die Herausnahme
der Zunge
und des Rachens betrifft
man entfernt den Holzklotz
wodurch der Hals
überstreckt wird
man präpariert zunächst
mit dem Knorpelmesser
das Unterhautzellgewebe
am Hals weitgehend frei
fährt dann mit dem Zungenmesser

unterhalb der Haut ein
VATER Unterhalb der Haut ein
DOKTOR legt es flach auf den Hals
und führt es vorsichtig
VATER vorsichtig
Königin hustet
DOKTOR in der Medianebene vor
bis man auf den Unterkieferknochen stößt
Königin hustet
Dann hebt man das Messer
in seinem Griff
und geht in die Mundhöhle
mit einem deutlich fühlbaren Ruck hinein
geehrter Herr
und durchtrennt den Mundhöhlenboden
entlang des horizontalen
Unterkieferastes
er ist ein Leitgebilde
geehrter Herr
Königin hustet
wohlgemerkt
ein Leitgebilde
VATER Ein Leitgebilde
DOKTOR Ebenso geht man
auf der anderen Seite vor
zur Königin
Ihr Herr Vater hat zweifellos das Talent
zu einem hervorragenden Praktiker gehabt
manche Menschen leiden
ihr Leben darunter
daß sie ein vehement angefangenes Studium
plötzlich
abbrechen haben müssen
Zu einem guten Anatomen
gehört eine gesunde Physis
Dann zieht man die Haut des Halses
nach außen und oben
Man faßt die Zunge
mit dem zweiten und vierten Finger
und zieht sie mit Daumen und Zeigefinger

84

nach abwärts
Winter kommt mit einer Champagnerflasche herein
Die Halsgebilde hängen jetzt nur mehr
an der hinteren Pharynxwand
die jetzt durchtrennt werden muß
Winter öffnet die Champagnerflasche
Man legt zu diesem Zweck das Zungenmesser
flach an
tastet
oder sieht
geehrter Herr
tastet
oder sieht
die Grenze zwischen hartem
und weichem Gaumen
Knall
stößt durch
und dringt bis an die hintere Pharynxwand vor
Königin hustet. Winter schenkt allen Champagner ein
Jetzt führt man den Schnitt
bogenförmig nach außen
und bis an die Wirbelsäule
dann durchtrennt man die Fascia praevertebralis
wobei man die Schneide senkrecht
auf die Wirbelsäule hält
und durchtrennt zuerst links
dann rechts
zu Winter
Winter
das wird spät
wenn Sie uns noch eine Flasche einschenken
WINTER Die gnädige Frau
DOKTOR Gut gut Winter
 Winter ab
Unter ständigem Zug
an der Zunge
durch den man die Halseingeweide
von der Wirbelsäule abhebt
 Königin hustet
VATER Von der Wirbelsäule abhebt

DOKTOR Jetzt schneidet man mit der Darmschere
  paramedian
  oben
  den Rachenring durch
  und geht in der Medianebene
  in den Oesophagus ein
  dabei hält man die Schere
  etwas geneigt
  und dreht sie erst drinnen um
  geehrter Herr
  und durchschneidet den Oesophagus
  in der Medianlinie
  Jetzt kann man die ganzen Halsorgane
  im Zusammenhang
  herausnehmen
  Bei lymphatischer Leukämie
  können die Tonsillen
  mächtig entwickelt sein
  zur Königin
  Wäre Ihr Herr Vater
  nicht erkrankt
  tatsächlich viel zu früh
  erkrankt
  und dann auch noch
  beinahe zur Gänze erblindet
  hätten wir eine medizinische Kapazität
  an unserem Tisch
VATER Eine medizinische Kapazität
DOKTOR Ein Kopf
  wie der Kopf
  Ihres Herrn Vaters
  ist im Grunde
  ein durch und durch medizinischer Kopf
  Und sehen Sie selbst
  wie groß
  sein Interesse
  an der Medizin ist
  obwohl er doch alles weiß
  leistet er sich immer wieder
  eine Wiederholung

der Wiederholung
spezieller Vorgänge
auf dem Gebiete der Medizin
Glauben Sie mir
unter den Ärzten
findet sich
ein solches ununterbrochenes Interesse
nicht
hier haben wir es mit nichts
als mit Arroganz zu tun
zum Vater
Bevor man
an die Sektion der Bauchorgane schreitet
sieht man nach
ob nicht eventuell gröbere Veränderungen
im Situs der Bauchorgane vorliegen
wie zum Beispiel Adhäsionen
zwischen Leber und Darm
Königin hustet
VATER Zwischen Leber und Darm
   Winter herein und geht zur Lampe auf dem kleinen
   Serviertisch rechts und dreht das Licht ab und verschwindet
DOKTOR oder zwischen Gallenblase
   und Darmschlingen
   vor allem ist aber das Verhalten des großen Netzes wichtig
   das bei entzündlichen Prozessen
   im Bereiche des Magens
   Darmes
   der Gallenblase
   des Uterus etcetera
   in der Richtung des Prozesses verzogen ist
   schon ein Fingerzeig
   gewaltige Ausdehnung des Magens
   bei arteriomesenteriellem Darmverschluß
   Königin hustet
   die so weit gehen kann
   daß dabei der Magen
   bis zur Symphyse herabreicht
   Mächtige Ausweitung des Dickdarms
   Megacolon

Hirschsprungsche Erkrankung
geehrter Herr
Recessus duodeno jejunalis
Recessus intersigmoides
Recessus retrocoecalis
Recessus ileocoecalis
Recessus paracolicus etcetera
Königin hustet
VATER Recessus paracolicus
Königin hustet. Winter herein und dreht die Lampe
auf dem Serviertisch im Hintergrund ab und verschwindet.
Es wird langsam finster
DOKTOR Zur Sektion der Leber
hören Sie
geehrter Herr
normalerweise ist die Oberfläche der Leber
glatt
Veränderungen der Oberfläche
können sein
Zahnsche Furchen
Schnürfurchen
Bei Hepar lobatum findet man Furchen
narbige Einziehungen
geehrter Herr
Postpaketform
der Leber
in der Tiefe der Furchen
verkäste Gummen
Höckerung etcetera
VATER Verkäste Gummen
Postpaketform
DOKTOR Postpaketform
verkäste Gummen
graurot
bei parenchymatöser Degeneration
dunkelbraun
bei seniler Atrophie
hellgelb bei Fettleber
grün bei Ikterus
muskatnußähnlich bei Stauung

Man nimmt dazu das Hirnmesser
und macht den Hauptschnitt
das heißt man schneidet
an der Stelle der stärksten Wölbung
der Leber
sowohl in den linken
als auch in den rechten Lappen ein
Königin hustet
aber nicht auseinanderschneiden
VATER Nicht auseinanderschneiden
KÖNIGIN *richtet dem Vater die Binden*
Diese Binden
sind eine Beruhigung
DOKTOR tatsächlich
erlaubt das Gesetz nicht
daß einer beiderseits Binden trägt
wenn er nicht völlig erblindet ist
und Ihr Herr Vater ist nicht völlig erblindet
Königin hustet
VATER Nicht auseinanderschneiden
DOKTOR nicht auseinanderschneiden
Die Struktur der Leber
entsteht immer dadurch
daß eine Differenz
zwischen dem Zentrum
und der Peripherie des Acinus besteht
VATER Und die gewisse Sektion
DOKTOR Man spreizt die Beine der Leiche
geehrter Herr
nimmt das Knorpelmesser
zieht den Penis mit der linken Hand
etwas nach abwärts
wodurch die Haut der Symphyse angespannt wird
VATER angespannt wird
DOKTOR und schneidet mit der rechten Hand
von der Symphyse beginnend
links außen bogenförmig
bogenförmig
geehrter Herr
herunter

bis in die Höhe des Mastdarms
und Anus
und zieht Penis und Scrotum
nach links
Königin hustet
Den gleichen Schnitt
auf der rechten Seite
mit kurzen sägenden Zügen
das lockere Zellgewebe
durchtrennt
bis an das freie Ende der Symphyse
sticht dort mit dem Knorpelmesser ein
und durchschneidet bogenförmig
das Bindegewebe des Beckenbodens
In der Mittellinie angelangt
zieht man die gleiche Trennung
auch auf der anderen Seite vor
nicht in einem Schnitt
Königin hustet
um nicht die Urethra
nahe der Symphyse
zu verletzen
durch die so entstandene Öffnung
werden Penis
und Scrotum durchgesteckt
nach oben gezogen
und die beiden bogenförmigen Schnitte
durch einen querziehenden Schnitt verbunden
Das Genitale hängt dann nur mehr
an dem Zellgewebe des Promontoriums
geehrter Herr
von welchem es losgelöst wird
Eine Demonstration
die die größte Sorgfalt erfordert
Was den Magen betrifft
schlägt man die ganzen Dünndarmschlingen
und das Colon transversum nach unten
und betrachtet zunächst den Magen
von außen
KÖNIGIN *zum Vater*

Der Doktor
ist eine Kapazität
in ganz Europa
schätzt man ihn
seine Bücher
und seine Schriften
sind in sämtliche
Sprachen übersetzt
hustet
VATER Von einer Kapazität
erwartet die Welt
immer etwas
Außerordentliches
es gibt nichts anstrengenderes
als eine Kapazität zu sein
DOKTOR *zum Vater*
Zeitlebens habe ich mir
eine Aufgabe gewünscht
im Hintergrund
aber meine Natur
ist eine andere
KÖNIGIN Die ganze Nacht
werde ich wieder
die Koloraturen
nicht aus dem Kopf bringen
die Angst
und die Abneigung
gegen alles
was mit der großen Oper
zusammenhängt
DOKTOR *zum Vater*
Daß alle immer
sind sie intellektuell
oder künstlerisch
die Infamie
zu ihrem Inhalt machen
geehrter Herr
Lange Zeit
gelingt es allerdings
ein Geschöpf wie Ihre Tochter

in Schutz zu nehmen
abzuschirmen
geehrter Herr
Königin hustet
vor einer
schmutzigen Öffentlichkeit
vor ihrer tödlichen
Inkompetenz
Das Theater
insbesondere die Oper
ist nichts
für einen natürlichen Menschen
Königin gähnt
Wenn wir den Schwachsinn
der in dieser Kunstgattung herrscht
geehrter Herr
mit der Gemeinheit
der Zuschauer verrechnen
kommen wir in den Wahnsinn
Königin hustet
und zur Ignoration
geehrter Herr
sind wir zu intelligent
langsam verfinstert sich die Szene
wendet sich dem Vater zu
aber Sie
geehrter Herr
bemerken das nicht
weil Sie unaufhörlich
und schon so lange Zeit
wie ich glaube
ein ganzes Jahrzehnt
oder noch länger
ständig
in solcher Finsternis
wie sie jetzt eintritt
leben
Eine solche Existenz
ist zweifellos
eine kompetente

In solcher Intensität
existieren nicht viele
Das Licht
ist ein Unglück
die Bühne ist vollkommen finster
Wie auf offener Bühne
geehrter Herr
wodurch alles die größte
Unsicherheit ist
KÖNIGIN *plötzlich laut schreiend*
Winter
Winter
Winter herein, man sieht ihn aber nicht
KÖNIGIN *nach einer Pause*
Haben Sie die Telegramme abgeschickt
die Telegramme nach Stockholm
nach Kopenhagen
WINTER Natürlich gnädige Frau
DOKTOR Das ist gut
daß Sie die Telegramme abgeschickt haben
das beruhigt mich
Ich bin beruhigt
ich bin ganz beruhigt
KÖNIGIN *nach einer Pause*
Erschöpfung
nichts als Erschöpfung
Gläser und Flaschen werden auf dem Tisch umgeworfen

Ende

Die Macht der Gewohnheit

Ich selbst habe als junger Mensch zwischen der Sorbonne und der Komödie geschwankt.

DIDEROT

... aber das Geschlecht der Propheten ist erloschen ...

ARTAUD

Personen

CARIBALDI, Zirkusdirektor
ENKELIN
JONGLEUR
DOMPTEUR
SPASSMACHER

Wohnwagen Caribaldis

Erste Szene

Ein Klavier links
Vier Notenständer vorn
Kasten, Tisch mit Radio, Fauteuil, Spiegel, Bilder
Das Forellenquintett auf dem Boden
Caribaldi etwas unter dem Kasten suchend

JONGLEUR *tritt ein*
  Was machen Sie denn da
  Das Quintett liegt auf dem Boden
  Herr Caribaldi
  Morgen Augsburg
  nicht wahr
CARIBALDI
  Morgen Augsburg
JONGLEUR
  Das schöne Quintett
  hebt das Quintett auf
  Ich habe übrigens
  den französischen Brief bekommen
  stellt das Quintett auf einen der Notenständer
  Stellen Sie sich vor
  eine Garantiesumme
  Die Erfahrung zeigt aber
  daß man ein Angebot
  nicht gleich
  annehmen soll
  Das zeigt die Erfahrung
  richtet das Quintett auf dem Notenständer
  In Bordeaux vor allem
  den Weißen
  Was suchen Sie denn da
  Herr Caribaldi
  nimmt das am Notenständer lehnende Cello,
  wischt es mit dem rechten Ärmel ab und lehnt es
  wieder an den Notenständer
  Verstaubt
  alles verstaubt

99

Weil wir auf einem solchen
staubigen Platz spielen
Es ist windig hier
und staubig

CARIBALDI

Morgen Augsburg

JONGLEUR

Morgen Augsburg
Warum spielen wir hier
frage ich mich
Warum frage ich
Das ist Ihre Sache
Herr Caribaldi

CARIBALDI

Morgen Augsburg

JONGLEUR

Morgen Augsburg
natürlich
Das Cello
auch nur ein paar Augenblicke offen
stehen zu lassen
bläst Staub vom Cello ab
Eine Nachlässigkeit
Herr Caribaldi
nimmt das Cello
Das Maggini
nicht wahr
Nein
das Salo
das sogenannte
Ferraracello
*lehnt das Cello wieder an den Notenständer und tritt einen
Schritt zurück, das Cello betrachtend*
Eine instrumentale
Kostbarkeit
Aber es kann natürlich
nicht nur
auf asphaltierten Plätzen
gespielt werden
Nördlich der Alpen

das Salo
das Ferraracello
südlich der Alpen
das Maggini
oder
vor fünf Uhr nachmittag
das Maggini
und nach fünf Uhr nachmittag
das Ferraracello
das Salo
bläst das Cello ab
Ein aussterbender Beruf
plötzlich zu Caribaldi
Was suchen Sie denn

CARIBALDI

Das Kolophonium

JONGLEUR

Das Kolophonium
Natürlich
Das Kolophonium
Immer wieder das Kolophonium
weil sie von der unter Instrumentalisten berühmten
Fingerschwäche befallen sind
Haben Sie denn nicht
ein zweites
ein sogenanntes
Reservekolophonium
Als Kind
Sie wissen ich spielte
die Violine
als Kind
hatte ich zwei smaragdgrüne Schachteln
in jeder dieser smaragdgrünen Schachteln
hatte ich ein Reservekolophonium
Das worauf es ankommt
immer
in Reserve
wissen Sie
Man muß
ist man ausübender Instrumentalist

Kolophonium in Reserve haben

CARIBALDI

Morgen in Augsburg

JONGLEUR

Morgen in Augsburg
Herr Caribaldi

CARIBALDI

Da unter dem Kasten
muß es sein

JONGLEUR *bückt sich und schaut auch unter den Kasten*

Man erwartet mich
in Bordeaux
ein Fünfjahresvertrag
Herr Caribaldi
Meine Tellernummer ist übrigens
eine ausgesprochen französische Nummer
Sechs auf der linken
acht auf der rechten
nach und nach
in Musik gesetzt
müssen Sie wissen
Und Bekleidungszuschuß
extra
Ich habe
einen neuen Anzug an
Herr Caribaldi
Pariser Samt
Pariser Seide
von Alexandre
müssen Sie wissen
eine elegante Fütterung
plötzlich
Aber sehen Sie
da
ist das Kolophonium
steht auf

CARIBALDI

Da ist es
holt das Kolophonium unter dem Kasten hervor

JONGLEUR

Sie sollten sich eine zweite Schachtel
in Augsburg kaufen
CARIBALDI
Morgen in Augsburg
JONGLEUR
Man erwartet mich
in Bordeaux
Sarrasani
das ist immer
ein Triumph
höchste Klasse
Herr Caribaldi
und von Bordeaux
bis hinunter
nach Portugal
Lissabon
Oporto
wissen Sie
*Caribaldi mit dem Kolophonium zum Cello, setzt sich und
streicht den Bogen mit dem Kolophonium ein*
Für einen Jongleur
der die französische Sprache
nicht beherrscht
nicht das einfachste
aber ich beherrsche
die französische Sprache
Das Französische ist die Muttersprache
meiner Mutter gewesen
Pablo Casals hatte immer
fünf oder sechs Stücke Kolophonium
in Reserve
Morgen in Augsburg
CARIBALDI
Morgen in Augsburg
JONGLEUR
Diese außerordentliche Frau
meine Mutter
ist übrigens in Nantes
aus der Kirche ausgetreten
CARIBALDI *den Bogen gleichmäßig mit dem Kolophonium ein-*

streichend
Alle Augenblicke fällt mir
das Kolophonium
aus der Hand
und auf den Boden
JONGLEUR
  Die Fingerschwäche
  Herr Caribaldi
  möglicherweise
  altersbedingt
CARIBALDI
  Eine zweite Schachtel Kolophonium
JONGLEUR
  Seit Jahren sage ich
  kaufen Sie sich
  eine zweite Schachtel Kolophonium
CARIBALDI
  Morgen in Augsburg
JONGLEUR
  Unter den Kasten
  zeigt unter den Kasten
  Dahin
  Jongleur und Caribaldi schauen unter den Kasten
  Immer unter den Kasten
  dahin
  das ist doch sehr interessant
  Die Fingerschwäche
  und das Fallgesetz
CARIBALDI
  Seit ein zwei Jahren
  kann ich das Kolophonium
  nur schwer in der Hand halten
JONGLEUR
  Ihre Hand
  ist an die Peitsche gewöhnt
  nicht an das Kolophonium
  Herr Caribaldi
  Caribaldi öffnet sich die schmutzige
  Frackbrust; Jongleur springt auf und stürzt auf
  ein schief an der Wand hängendes Bild zu und

richtet es gerade, auch noch ein zweites, und
setzt sich wieder
Den ganzen Tag denke ich
wie lange probieren Sie das Quintett
fünfzehn
oder gar zwanzig Jahre
so weit ich zurückdenken kann
von dem ersten Tag an
in welchem ich mit Ihnen zusammen bin
erinnere ich mich
sitzen Sie hier auf dem Sessel
und probieren das Forellenquintett

CARIBALDI

Das Forellenquintett
übe ich
zwanzig Jahre
genaugenommen
das zweiundzwanzigste Jahr
Eine Therapie
müssen Sie wissen
Spielen Sie ein Instrument
ein Saiteninstrument
hat mein Arzt gesagt
damit Ihre Konzentration nicht nachläßt

JONGLEUR

Denn vor nichts hatten Sie mehr Angst
als vor dem Nachlassen Ihrer Konzentration

CARIBALDI

Die Konzentration
darf nicht nachlassen
Damals
vor zweiundzwanzig Jahren
hatte meine Konzentration
plötzlich nachgelassen
Auf den Peitschenknall
keine Präzision
verstehen Sie
keine Präzision
auf den Peitschenknall

JONGLEUR

Die Pferde reagierten nicht mehr
CARIBALDI
Nicht präzise
nicht mit der
erforderlichen Präzision
Und jetzt spiele
oder besser gesagt übe
ich zweiundzwanzig Jahre das Cello
JONGLEUR
Und zweiundzwanzig Jahre
das Forellenquintett
Caribaldi spielt den tiefsten Ton lange
Ein Künstler
der eine Kunst ausübt
braucht eine andere zweite Kunst
die eine Kunst
aus der andern
die einen Kunststücke
aus den andern
CARIBALDI *streckt dem Jongleur die rechte Hand hin*
In dieser Hand
sehen Sie
das Unglück
Ich lasse das Kolophonium fallen
zieht seine Hand zurück
Und der Kopf
ist zur Konzentration
nicht mehr fähig
plötzlich
läßt die Konzentration nach
Die Liebe zur Artistik allein
JONGLEUR
Allerdings
Die Kunst
ist nichts als Wechselwirkung
Artistik
Kunst
Kunst
Artistik
verstehen Sie

Ich bin neugierig ob heute
die Probe zustande kommt
Ihre Enkelin
ist kränkelnd
der Spaßmacher
hat etwas im Hals
und der Dompteur
ist auch heute wieder ein Opfer
seiner Melancholie
Dies ist ein Begriff
Herr Caribaldi
ein medizinischer Begriff

CARIBALDI

Die letzte Probe
ist ein Skandal gewesen
Das möchte ich nicht mehr
erleben
spielt den tiefsten Ton lange
Einen betrunkenen Dompteur
dem es Mühe macht auf den Beinen
einen Spaßmacher dem fortwährend
die Haube vom Kopf fällt
eine Enkelin die mir durch ihre Existenz allein
auf die Nerven geht
Die Wahrheit ist ein Debakel

JONGLEUR

Der Mittwoch ist immer
ein schlechter Tag
Aber auch der Samstag
ist kein guter Tag
Auch die Tiere sind am Mittwoch anders
als am Samstag
am Samstag anders
als am Mittwoch
Aber von den Menschen
noch dazu Artisten
Künstler
Herr Caribaldi
kann man doch
die Beherrschung erwarten

CARIBALDI

Wenn es nur einmal
nur ein einziges Mal gelänge
das Forellenquintett
zu Ende zu bringen
ein einziges Mal eine perfekte Musik

JONGLEUR

Ein Kunstwerk
Herr Caribaldi

CARIBALDI

Diese Übung
zur Kunst zu machen

JONGLEUR

Ohne Zwischenfall
ein so schönes Stück

CARIBALDI

Eine so hohe Literatur
müssen Sie wissen
In diesen zweiundzwanzig Jahren
ist es nicht ein einziges Mal gelungen
das Forellenquintett
fehlerfrei
geschweige denn als ein Kunstwerk
zu Ende zu bringen
Immer ist einer darunter
der alles zerstört
durch eine Unachtsamkeit
oder eine Gemeinheit

JONGLEUR

Konzentrationsunfähigkeit
Herr Caribaldi

CARIBALDI

Einmal ist es die Violine
einmal ist es die Viola
einmal ist es die Baßgeige
einmal ist es das Klavier
Dann wieder bekomme ich selbst
diese fatalen Rückenschmerzen
ich krümme mich vor Schmerz
müssen Sie wissen

und das Musikstück fällt auseinander
Habe ich den Spaßmacher so weit
daß er sein Instrument beherrscht
verliert der Dompteur auf dem Klavier
seinen Kopf
oder meine Enkelin
die ja jetzt schon zehn Jahre
auf der Viola spielt
zieht sich
wie letzten Dienstag
einen Schiefer ein
Mit schmerzverzerrtem Gesicht
kann man nicht Schubert spielen
schon gar nicht das Forellenquintett
Ich habe nicht wissen können
daß der Tonkunst dienen
so schwierig ist
spielt einen langen Ton auf dem Cello
Und allein kann ich das Quintett
nicht spielen
Es ist ein Quintett
streicht wieder mit dem Kolophonium den Bogen ein, während
der Jongleur sagt:
JONGLEUR
Die große Anhänglichkeit einerseits
die ich empfinde
Bordeaux
Frankreich Herr Caribaldi
andererseits
Kleidung extra
verstehen Sie
und den ganzen Winter
die Riviera auf und ab
und die Möglichkeit
mit meiner Schwester zusammenzuarbeiten
Caribaldi läßt das Kolophonium fallen,
der Jongleur hebt es auf
Was alles anders
in Frankreich
Herr Caribaldi

Das Unmöglichste
eine Wohltat
Wie Sie wissen
liebe ich es außerordentlich
an der Atlantikküste
frische Muscheln zu essen
in weißem Bordeaux
gibt Caribaldi das Kolophonium
Die deutsche Sprache
verdummt mit der Zeit
die deutsche Sprache
drückt auf den Kopf
greift sich an den Kopf, Caribaldi zupft am Cello, Jongleur Ca-
ribaldi betrachtend
Extra Kleidungszulage
Und die französische Frischluft
Herr Caribaldi
Caribaldi streicht einen langen tiefen Ton auf
dem Cello, Jongleur Caribaldi noch intensiver
betrachtend
In dieser Haltung
des Oberkörpers
war Casals angelangt
auf dem Höhepunkt
Caribaldi zupft am Cello
Der ständige Luftwechsel
einmal nördlich
einmal südlich der Alpen
schadet dem Instrument
Immer muß es gestimmt werden
und immer nach andern Gesichtspunkten
für jeden Ort
für jede Luft extra
CARIBALDI
Extra
JONGLEUR
Aber die sogenannte Kammermusik
ist in Ihrer Familie
Auch in meiner Familie
Caribaldi streicht einen tiefen Ton auf dem Cello

110

Und immer ist es
das Forellenquintett
Am besten sagen Sie selbst
in Prag
am allerschlechtesten
auf der Theresienwiese

CARIBALDI

Morgen Augsburg

JONGLEUR

Auf der Theresienwiese
Caribaldi streicht einen tiefen Ton, zupft am Cello
Die Kunst ist ein Mittel
für eine andere Kunst
nachdenklich
Immer ist es
die letzte Vorstellung
Noch während der Tellernummer
wird das Zelt abmontiert
schaut und zeigt in die Höhe
Weil ich hinaufschauen muß
sehe ich
wie das Zelt abmontiert wird
Das Publikum nimmt natürlich
diesen Vorgang nicht wahr
Caribaldi zupft am Cello
Die Konzentration des Publikums
ist auf mich gerichtet
geht und richtet Bilder und Spiegel gerade
Ein Vorteil
wenn man eine französische Mutter hat
Wie Sie wissen
ist mein Vater aus Gelsenkirchen
ein unglücklicher Mensch
eine Zeitlang hat er sich
mit Schiffbau beschäftigt
plötzlich
Bei achtzehn höre ich auf
Achtzehn Teller nicht mehr
Plötzlich hatte ich Angst
Herr Caribaldi

schaut Caribaldi auf die Brust
Ihre Weste ist schmutzig
Herr Caribaldi
Caribaldi streicht einen tiefen Ton auf dem Cello
Ihre Weste ist schmutzig
Herr Caribaldi

CARIBALDI
Wenn man den ganzen Tag
auf dem Boden herumkriecht
auf der Suche
nach dem Kolophonium
*nimmt das Kolophonium und streicht den Bogen
ein, während der Jongleur sagt*

JONGLEUR
Man macht mir das Angebot
in der Kuranstalt von Rouen
einen ganzen Abend
allein zu bestreiten
verstehen Sie
Zur Tellernummer
auch noch die Nummer mit dem Pudel
Mit dem Kunstpudel

CARIBALDI
Ihre Nummer mit dem Kunstpudel

JONGLEUR
Diese Kunstpudelnummer
die Sie mir verboten haben
Zwei Jahre an diese Nummer geopfert
und dann haben Sie sie mir verboten
In Rouen kann ich diese Nummer zeigen
Und meine Schwester als Assistentin
ist akzeptiert
Sarrasani
Herr Caribaldi
Ihr eigener Satz ist der Satz
Weggehn
nicht stehenbleiben
nicht stehenbleiben
weggehn
ruft aus

Ich gehe nach Frankreich
Herr Caribaldi
CARIBALDI *zupft am Cello*
Morgen Augsburg
JONGLEUR
Morgen Augsburg
richtet ein Bild gerade
Sarrasani
Herr Caribaldi
Caribaldi streicht einen tiefen Ton auf dem Cello
In Wirklichkeit
ist es gar nicht die Tellernummer
auch ich bin es nicht
es ist die Violine
Herr Caribaldi
Es ist das Forellenquintett
das ohne mich nichts ist
Sie haben mich gezwungen
Caribaldi zupft am Cello
die Violine zu spielen
weil ich in einer unglücklichen Verfassung
gesagt habe
mich verraten habe
daß ich als Kind auf der Violine gespielt habe
Sie haben mich zur Violine
zurückgezwungen
mit unglaublicher Rücksichtslosigkeit
Caribaldi streicht einen tiefen Ton auf dem Cello
Und Ihre Enkelin
haben Sie die Viola aufgezwungen
und dem Spaßmacher die Baßgeige
und dem Dompteur, Ihrem Neffen,
das Klavier
ruft
Aufgezwungen
aufgezwungen
richten, wie um sich zu beruhigen, einen Spiegel gerade
Dabei ist Ihrem Neffen
das Klavierspielen verhaßt
plötzlich auf die Tür zeigend

113

Durch diese Tür
kommen Ihre Opfer herein
Herr Caribaldi
Ihre Instrumente
Herr Caribaldi
Nicht Menschen
Instrumente
auf das Klavier zeigend
Ihr Neffe der Dompteur
hatte einmal die Idee
das Klavier zu zertrümmern
mit der Hacke
er hat es nicht getan
obwohl die Hacke schon in der Luft war
Ich habe das verhindert
Sie kennen die Brutalität Ihres Neffen
wie Sie selbst sagen
Das Tier
Nein nicht
so ich
Vielleicht eine sogenannte Sinnesverwirrung
aber allein die Vorstellung
des zertrümmerten Klaviers
und denken Sie
des von Ihrem fleischlichen Neffen
zertrümmerten Klaviers
Kopfschmerz
Kopfschmerz
greift sich an den Kopf
Ich nahm Ihrem Neffen
die Hacke weg
Bei dieser Gelegenheit
behandelte ich Ihren Neffen
wie Ihr Neffe
seine sogenannten wilden Tiere behandelt
Ich ging auf ihn zu
Caribaldi streicht einen tiefen Ton auf dem Cello
Ich redete ihm gut zu
Ich beruhigte ihn
Dann gab ich ihm das Versprechen

Caribaldi aufschauend
Daß ich ihm das Geheimnis
meiner Kunstpudelnummer verrate
So
zeigt es
hatte Ihr Neffe die Hacke über dem Kopf
wie leicht für ihn
das Klavier mit einem einzigen Hieb
zu zertrümmern
Sie kennen seine Kraft
Sie kennen seine Entschlußkraft
nimmt einen Notenständer und bläst den Staub ab;
Caribaldi streicht einen langen tiefen Ton auf dem
Cello
Aber ich habe mein Versprechen
nicht halten können
Weil Sie mir mit Entlassung gedroht haben
wenn ich Ihrem Neffen
die Schliche
oder sagen wir besser die Kunst
der Kunstpudelnummer klarmache
Ich war auf Ihre Hilfe angewiesen
die Tellernummer ist noch nicht
in der Weise entwickelt gewesen
daß ich mich selbständig hätte machen können
Sie vor den Kopf stoßen
konnte ich nicht
das konnte ich mir nicht erlauben
Ich habe Sie nicht erpressen können
Sie haben mich erpreßt
Ich war Ihnen wieder ausgeliefert
Mein Neffe spielt
solange ich darauf bestehe
auf dem Klavier
haben Sie gesagt
zeigt in die Ecke
Dort in der Ecke
haben Sie das gesagt
Das war endgültig
nimmt ein Notenheft und bläst den Staub ab

Sie beherrschen Ihren Neffen
wie Ihre Enkelin
Der Spaßmacher macht seine Späße nur
weil Sie ihn dazu zwingen
Alle diese Leute
sind Ihnen ausgeliefert
Wenn diese Leute sich einmal unterstehen
nicht zu kommen
das Forellenquintett
nicht zu spielen
Aber sie unterstehen sich
eine solche Ungeheuerlichkeit nicht
Caribaldi zupft am Cello
Diese Leute
sind Ihnen ausgeliefert
besitzen nichts
und sind Ihnen ausgeliefert
Selbst ich habe nie den Mut gehabt
nicht zu spielen
setzt sich
Im Gegenteil
feuerte ich die andern noch an
greift sich an den Kopf
An den Kopf damit
für eine solche Inkonsequenz
Konsequenz
Ihr Begriff
Präzision
Konsequenz
diese zwei
Ihre Begriffe
Aber natürlich leiden Sie auch
und zwar in dieser Ihnen eigenen
größenwahnsinnigen Vorgangsweise
an Ihrer eigenen Rücksichtslosigkeit
Herr Caribaldi
Und die Ursachen
sind Ihre Rückenschmerzen
ist Ihr Holzbein

CARIBALDI

Morgen Augsburg

JONGLEUR

Ihre schon von Kindheit an
angegriffene Gesundheit
Ihre Überempfindlichkeit
unter der Schädeldecke
Herr Caribaldi
plötzlich heftig
Der Kranke und der Verkrüppelte
beherrschen die Welt
alles wird von den Kranken
und von den Verkrüppelten beherrscht
Eine Komödie ist es
eine böse Erniedrigung
Caribaldi streicht einen tiefen Ton auf dem Cello
Wenn man wie ich
zugegeben einem Genie
über ein Jahrzehnt lang dient
und alles
Caribaldi lacht laut auf
Und alles mit einem solchen Gelächter
quittiert wird
holt einen Brief aus der Rocktasche
Aber jetzt
habe ich diesen Brief
aus Frankreich
Der Direktor des Zirkus Sarrasani persönlich
schreibt mir
*Caribaldi hört auf zu lachen; Jongleur bedeutungs-
voll mit dem Brief über dem Kopf*
Wer hat in seinem Leben
ein solches Angebot bekommen
wer
CARIBALDI *macht vier kurze Striche auf dem Cello, stößt
es von sich, ohne es auszulassen; befehlend*
Das Maggini
nein
das Salo
das Ferraracello
Verstehen Sie nicht

das Ferraracello will ich
Jongleur nimmt ihm das Cello ab; Caribaldi kommandierend
Das Ferraracello
Jongleur mit dem Magginicello zum Kasten,
nimmt das sogenannte Ferraracello heraus und
stellt das Magginicello hinein
Vollkommenheit
Vollkommenheit
verstehen Sie
nichts sonst
Jongleur gibt Caribaldi das sogenannte Ferraracello
Mein Neffe
Meine Enkelin
was für Menschen
Und Pablo Casals
was für ein Mensch
ruft aus
Was für Menschen
was für Geschöpfe
was für Unsinnigkeiten
jeder einzelne eine unglückliche Natur
für sich
Der Herr Spaßmacher
was für eine Unsinnigkeit
das Fräulein Enkelin
Alle diese Leute
verwandt oder nicht
haben mich nichts als Geld gekostet
Geld
und Geduld
Eine lebenslängliche Nervenprobe
streicht einen tiefen Ton auf dem Cello
Casals
das ist es
streicht den Bogen mit dem Kolophonium ein
sehe ich meinen Neffen den Dompteur
denke ich
da geht die Brutalität mit der Dummheit
sehe ich den Spaßmacher
da geht der Schwachsinn spazieren

der Schwachsinn
verliert die Haube
sehe ich meine Enkelin
ist es die Niedertracht ihrer Mutter
geben Sie her
reißt dem Jongleur das Cello aus der Hand,
das dieser einen Augenblick an sich genommen
hatte, damit es Caribaldi nicht auf den Boden fällt
Der Schwachsinn
Ja
Casals
oder Schopenhauer
verstehen Sie
oder Platon
streicht einen langen tiefen Ton
Ich habe einmal geträumt
ich sei in Archangelsk
ohne zu wissen
wie Archangelsk ist
Und ich kenne nichts als Archangelsk
das ist es
sonst nichts
verstehen Sie
Und da glauben Sie
weggehen zu können
ruft aus
Sarrasani
was ist das
Machen Sie hier
in meiner Truppe die Tellernummer
hier auf diesem Platz
Ihre Kunst vervollkommnen
Ach was Vollkommenheit
besser werden
verstehen Sie
sonst nichts
Die Probe
auf das Exempel machen
verstehen Sie
Hier ist alles niederträchtig

streicht einen langen Ton auf dem Cello
Hören Sie
ganz anders
ganz anders
hören Sie
Das Salo
hat einen ganz anderen Ton
als das Maggini
Wie spät ist es denn
Sagen Sie mir nicht
wie spät es ist
streicht einen langen tiefen Ton auf dem Cello
Das Salo
Das Ferraracello
Vor fünf das eine
nach fünf das andere
streicht fünfmal kurz hin und her
Das Salo
hören Sie
Die Feuchtigkeit
nördlich der Alpen
streicht einen tiefen Ton auf dem Cello
Sie müssen genau hinhören
ein ganz anderer Ton
Aber spiele ich das Ferraracello
vormittag
hat es eine verheerende Wirkung
Das mußt du dir einprägen
sage ich immer
vormittag das eine
nachmittag das andere
Wie Casals
nachdenklich
Morgen Augsburg

JONGLEUR

Zwei Schachteln Kolophonium
Herr Caribaldi

CARIBALDI

Aber wenn man fortwährend so wie ich denke denkt
ist es eine Verrücktheit

Das eine Cello am Vormittag
das andere am Nachmittag
verstehen Sie
Das gilt auch für die Geige
Auch für die Viola gilt das
spielt ein paar kurze Töne auf
dem Cello; Jongleur
holt aus dem Kasten einen Geigenkasten
und aus dem Geigenkasten eine Geige und setzt
sich und stimmt die Geige
Es ist mir noch nie passiert
die Morgenprobe
auf dem Ferraracello
noch nie
Und südlich der Alpen
genau umgekehrt
Das Talent meiner Enkelin
ist kein großes Talent
aber es ist schön
sie tanzt auf dem Seil
schön
sie spielt die Viola
schön
Ein Kind
Und mein Neffe
ein ausgesprochenes Antitalent
Andererseits ist das Klavierspiel
ein Mittel
für einen Dompteur
Der Umgang mit den Tieren wissen Sie
umgekehrt
Diese fortwährenden Verletzungen
Morgen in Augsburg
muß er einen Arzt aufsuchen
morgen in Augsburg
In Wahrheit hätte mein Neffe
werden sollen
was er ist
eine durch und durch
bürgerliche Existenz

ich habe ihn
in die Truppe hineingezwungen

JONGLEUR

Die tödlichen Bisse
gegen seinen Vorgänger

CARIBALDI

Diese tödlichen Bisse

JONGLEUR

Leopardenbisse

CARIBALDI

Wir haben
die Leoparden
erschießen müssen
Dieser arme
von dem Leoparden zerrissene Mensch
streicht einen langen tiefen Ton auf dem Cello
Das Quintett
schien verloren
Da kam ich auf die Idee
meinen Neffen

JONGLEUR

Ihren Neffen
zum Dompteur
und also zum Klavieristen zu machen

CARIBALDI

Wir hatten einen Dompteur
und Klavierspieler

JONGLEUR

Das Quintett war gerettet

CARIBALDI

Das Quintett
war gerettet
streicht einen langen tiefen Ton auf dem Cello
übrigens hatte mein Neffe
nicht nur dieses eine Mal die Idee
das Klavier zu zertrümmern
Immer wieder
hat er den Versuch gemacht

JONGLEUR

Mit untauglichen Mitteln

122

allerdings

Allerdings
Und glauben Sie nicht an die Heuchelei
des Spaßmachers
er haßt die Baßgeige
Meine Enkelin liebt auch die Viola nicht
Geben Sie zu Sie selbst
spielen nur widerwärtig
auf der Violine
Alles nur widerwärtig
alles was geschieht
geschieht widerwärtig
Das Leben die Existenz
widerwärtig
Die Wahrheit ist
Jongleur geht auf ein Bild zu und richtet es gerade
Die Wahrheit ist
ich liebe das Cello nicht
Mir ist es eine Qual
aber es muß gespielt werden
meine Enkelin liebt die Viola nicht
aber sie muß gespielt werden
der Spaßmacher liebt die Baßgeige nicht
aber sie muß gespielt werden
der Dompteur liebt das Klavier nicht
aber es muß gespielt werden
Und Sie lieben ja auch die Violine nicht
Wir wollen das Leben nicht
aber es muß gelebt werden
zupft am Cello
Wir hassen das Forellenquintett
aber es muß gespielt werden
*Jongleur setzt sich, nimmt die Violine, spielt
darauf; Caribaldi spielt ein paar Töne auf
dem Cello*
Nichts vormachen
kein Selbstbetrug
vier kurze Striche auf dem Cello
Was hier ohne weiteres

123

als eine musikalische Kunst bezeichnet werden kann
ist in Wirklichkeit
eine Krankheit
Geben Sie mir das Kolophonium
Jongleur gibt Caribaldi das Kolophonium; Caribaldi
streicht den Bogen mit dem Kolophonium ein
Casals
nach einer Pause
Lächerlich
Die Kunst
ist immer
eine andere Kunst
der Künstler
oder sagen wir besser
der Zauberkünstler
es gibt ja nur Zauberkünstler
ein Anderer
täglich
tagtäglich
ein Anderer
Vor allem
darf ein solcher Mensch
die Beherrschung nicht verlieren
Seine Eigenschaft schwindelfrei
mit seiner Verrücktheit
vertraut
Wenn er die Intelligenz
in Person ist
Alles Unwillkürliche
soll in ein Willkürliches
verwandelt werden
Die Denkorgane
sind die Weltzeugungs-
und die Naturgeschlechtsteile
Partielle Harmonien
darauf beruht alles
zupft an den Cellosaiten
es handelt sich hier nicht
um Theosophie
verstehen Sie

zupft an den Saiten
Aber die Verrücktheit dieser Leute
ist eine andere Verrücktheit
wie auch ihre Verachtung
schwindelfrei einerseits
Verachtung andererseits
Krankheitsvorliebe
Überwindung des Lebens
Todesangst
verstehen Sie
das Ohr an den Cellokasten
So macht es Casals
hören Sie
streicht einen langen tiefen Ton auf dem Cello
So macht es Casals
Immer die Neigung zur Unzucht
den Kopf betreffend
In einer Welt
der Intoleranz
streicht einen tiefen Ton auf dem Cello
Jedes Wort
ist ein Wort der Beschwörung
bedeutungsvoll
Welcher Geist ruft
ein solcher erscheint
läßt das Kolophonium fallen, es rollt unter
den Kasten; wirft die rechte Hand in die Höhe
und ruft
Diese Finger
diese Finger machen mich wahnsinnig
auf den Jongleur blickend
Dieser schöne Anzug
dieser gute Schnitt
dieser vertrauenerweckende Farbton
Jongleur auf den Boden, das Kolophonium suchend
Wie wir unser Denkorgan
in beliebige Bewegung setzen
Magische Astronomie
Grammatik
Philosophie

Religion
Chemie und so fort
Begriff von Ansteckung
Sympathie des Zeichens
mit dem Bezeichneten
Wahrscheinlich ist das Kolophonium
ganz an die Wand geprallt
ganz an die Wand
ganz an die Wand
zupft am Cello; Jongleur auf Caribaldi
zurückschauend, während er mit den Händen das
Kolophonium unter dem Kasten sucht
Jedes Willkürliche
Zufällige
Individuelle
kann unser Weltorgan werden
horcht am Cellokasten und streicht gleichzeitig
einen langen tiefen Ton
So
so Casals
Es ist eine nervöse Gewohnheit
eine Nervenkrankheit
glauben Sie mir
Das Kolophonium
Wahnsinn
verstehen Sie
wirft die rechte Hand in die Luft und bewegt
nervös alle Finger und ruft
Plötzlich ist es da
plötzlich
eine Krankhaftigkeit
eine nervöse Krankhaftigkeit
nach einer Pause
Eine Gewohnheit
Und sehen Sie
zeigt unter den Kasten
immer in dieser Richtung
immer unter den Kasten

JONGLEUR
Gemeinschaftlicher Wahnsinn

Herr Caribaldi

CARIBALDI

Man hat mir empfohlen
daß ich es anbinde
an eine Schnur
und mir um den Hals hänge
streicht einen langen tiefen Ton auf dem Cello
Wie Fäustlinge
verstehen Sie
um den Hals
als Kind
Enkelin tritt mit einem Schaff heißen Wassers
und mit einem Handtuch auf; Caribaldi schaut
auf die Enkelin
Ach ja das Fußbad
Komm mein Kind

JONGLEUR

Ihr Fußbad
Herr Caribaldi
Enkelin stellt das Schaff vor Caribaldi und
krempelt ihm die Hosenfüße auf, jetzt sieht man,
sein rechtes Bein ist ein Holzbein; sie zieht ihm
Schuh und Strumpf aus

CARIBALDI *mit dem linken Bein in das Wasserschaff*

Ah
plötzlich
Wie weit ist die Vorstellung
Waren die Tiere schon
die Affen

ENKELIN

Die Affen

CARIBALDI

Die Affen
die Affen
über den Jongleur, zur Enkelin
Er sucht das Kolophonium
Und du hast schön getanzt
fehlerfrei
fehlerfrei und schön
Enkelin nickt

127

Es gibt nichts
über ein heißes
Fußbad
Wenn das Wasser
gerade so heiß ist
daß man es
ertragen kann
küßt die Enkelin auf die Stirn. Enkelin tritt
zurück, plötzlich
Du frierst ja mein Kind
Morgen sind wir in Augsburg
morgen Augsburg
Du mußt die Übung machen
verstehst du
die Übung
Komm her
mach die Übung
dann wird dir warm

JONGLEUR *der das Kolophonium noch nicht gefunden hat*
Dein Großvater meint es gut
mit dir
Enkelin stellt sich vor Caribaldi auf und macht
auf sein Kommando eine Übung, die darin besteht,
daß sie einmal auf dem rechten, einmal auf dem
linken Bein steht, auf den Fußspitzen; steht sie auf
dem rechten, hebt sie das linke Bein usf.; hebt sie
den rechten, läßt sie den linken Arm fallen und
umgekehrt, exakt wie eine Marionette, mit immer
größerer Geschwindigkeit, während der Jongleur
vom Boden aus zuschaut

CARIBALDI *mit dem Cellobogen taktierend*
Einszwei
einszwei
einszwei
einszwei
einszwei
einszwei
einszwei
einszwei
einszwei

einszwei
einszwei
einszwei
einszwei
einszwei
einszwei
einszwei
einszwei
So halt
Enkelin hört auf, erschöpft; Caribaldi befiehlt:
Äpfel schälen
Schuhe putzen
Milch abkochen
Kleider bürsten
Und pünktlich zur Probe
verstehst du
Du kannst gehen
Enkelin ab; Caribaldi nachdenklich
Morgen Augsburg
zum Jongleur
Haben Sie das Kolophonium gefunden?
Jongleur hat das Kolophonium nicht gefunden
und sucht weiter
Ein überflüssiges
ein schönes Kind
zieht, weil er sich unbeobachtet weiß, den rechten
Hosenfuß noch höher hinauf und streicht,
während der Jongleur das Kolophonium sucht,
mit dem Cellobogen über das Holzbein, langsam,
wie in großem Genuß und sagt:
Casals
Casals
Jongleur hat das Kolophonium gefunden;
Caribaldi läßt den rechten Hosenfuß fallen;
Jongleur steht mit dem Kolophonium auf;
Caribaldi verlegen
Alles ist Musik
alles
Die Welt ist
der Makroanthropos

Jongleur bringt Caribaldi das Kolophonium;
Caribaldi nimmt das Kolophonium und streicht
den Bogen damit ein, den Jongleur
betrachtend
Die Erfahrung zeigt
daß einer
kriecht er längere Zeit
auf dem schmutzigen Boden
schmutzig wird
stellt den Cellobogen am Bauch des Jongleurs an
Die Angst ist es
nichts als die Angst
streicht dreimal ruhig und prüfend einen tiefen Ton
auf dem Cello an, plötzlich auffahrend
Ein Brief
und sei er vom Sarrasani
bringt Sie aus der Fassung
plötzlich drohend, forsch
Aber ich kenne das
Jedes Jahr
bekommen Sie mehrere
solcher Briefe
alle diese Briefe
Angebote
Überangebote
zupft mehrere Male am Cello
Ich verstehe
Mehr Geld
Mehr Hochachtung
Der Herr Jongleur
fordert wieder einmal mehr Geld
und mehr Hochachtung
zupft am Cello
Zwei werden
durch den Dritten getrennt
und verbunden
JONGLEUR
Aber
CARIBALDI
Sind Sie ruhig

Es ist immer das gleiche
Wenn die Leute sich einen Namen gemacht haben
verlangen sie Geld
und Hochachtung
immer mehr Geld
und immer mehr Hochachtung
Die Künstler erpressen mit ihrer Kunst
wenn das nicht die Perfidie ist
Plötzlich fallen einen die Künstler an
mit ihren Forderungen
zupft kurz zweimal am Cello
Selbst das Genie
wird noch einmal größenwahnsinnig
wenn es ums Geld geht
setzt den Cellobogen am Bauch des Jongleurs an
Hochachtung
bricht in Gelächter aus, bricht das Gelächter aber
gleich wieder ab
Die Artisten
aber insgesamt alle Künstler
erpressen mit ihrer Kunst
auf das rücksichtsloseste
Aber mich beeindruckt das nicht
Und Ihr Brief von dem Direktor des Sarrasani
ist einer jener Hunderte von gefälschten Briefen
die Sie mir in den ganzen zehn oder elf Jahren
die Sie bei mir sind
schon immer unter die Nase gehalten haben
Zeigen Sie mir das Angebot
Zeigen Sie mir das Angebot
zupft paarmal kurz die Saiten und hält den
Cellobogen fest, wie zum Spiel. Jongleur tritt
einen, dann noch einen Schritt zurück
Ein Dummkopf
der heute noch einem Künstler glaubt
ein Dummkopf

Vorhang

Dompteur mit dick einbandagiertem linken Arm am
offenen Klavier, Brot, Wurst und Rettich essend

SPASSMACHER *auf dem Boden rechts, zum Dompteur*
Weh
DOMPTEUR
Nicht der Rede wert
SPASSMACHER
Geht die Probe
DOMPTEUR
Vielleicht
vielleicht auch nicht
haut mit der einbandagierten Hand
auf die Tasten
SPASSMACHER
So geht es nicht
DOMPTEUR
So geht es nicht
es geht nicht so
haut noch einmal mit der einbandagierten Hand
auf die Tasten
So nicht
SPASSMACHER
So nicht
verliert die Haube, setzt sie gleich wieder auf
Was glaubst du
wenn heute wieder nicht geprobt werden kann
DOMPTEUR
Das Quintett
kann nicht gespielt werden
wenn ich nicht spielen kann
SPASSMACHER
Wenn du nicht spielen kannst
nicht
DOMPTEUR
Nicht
Überhaupt nicht
Es ist ein Quintett

verstehst du
SPASSMACHER
  Gehst du mit mir aus
  morgen
DOMPTEUR
  Morgen in Augsburg
  ja
  Da gehn wir miteinander aus
SPASSMACHER
  Es muß weh tun
  Der hat ganz schön
  zugebissen
DOMPTEUR
  zugebissen
  zugebissen
SPASSMACHER
  Es ist nicht meine Schuld
  Ich
DOMPTEUR
  Schon gut
  hör auf
SPASSMACHER
  Ich springe
DOMPTEUR
  Du springst
SPASSMACHER
  Da springt er auch
DOMPTEUR
  Max
  betrachtet seine einbandagierte Hand
  Max
  beißt
  tief
SPASSMACHER
  Es ist nicht meine Schuld
  Ich springe
  springt auf
  siehst du
  so
  zeigt es, wie er in der Manege gesprungen ist

so
siehst du
Und er springt auch
Max darf nicht gereizt werden
verstehst du
Max versteht
keinen Spaß
Du mußt dich genau an die Abmachung halten
Erst wenn ich dir
das Zeichen gebe
mit dem Daumen verstehst du
springst du
Du bist früher gesprungen
früher gesprungen
Wenn ich sage Max
dreimal Max
dreimal kurz Max
springst du
wie abgesprochen
er muß dich anspringen
mich nicht
Du irritierst ihn
du irritierst
das Tier
Ich kann ja den Purzelbaum
nicht machen
verstehst du
*Spaßmacher macht einen Purzelbaum und hockt
sich wieder auf den Boden*
Max versteht
keinen Spaß
*Spaßmacher steht auf und zeigt dem Dompteur,
wie er den Löwen reizen, und wenn der
Löwe Max anspringt, den Purzelbaum machen
muß*
So
siehst du
so
Die Nummer steht zwei Jahre

134

wirft dem Spaßmacher ein Stück Wurst, das er
gerade abgeschnitten hat, hin, der Spaßmacher
fängt es auf, ißt es auf
Immer wieder kommt es zu Pannen
schreit den Spaßmacher an
Keine Panne mehr
verstehst du
keine Panne mehr
Das nächste Mal reißt der mir
noch den ganzen Arm ab
Präzise
Wie mein Onkel immer sagt
Präzise
Die Präzision zur Gewohnheit machen
verstehst du
wirft dem Spaßmacher ein großes Wurststück zu,
wie wenn der Spaßmacher ein Raubtier wäre
Intelligenzler
Was mich allein
der zweieinhalbfache Sprung
gekostet hat
ein Jahr
verstehst du
Jetzt beherrscht er
den Sprung
trinkt von jetzt an immer Bier aus Flaschen, die
ihm der Spaßmacher auf das Klavier stellt
Man darf ihn nicht
aus den Augen lassen
Morgen in Augsburg
neue Bandagen
verstehst du
Max sagen
ruhig Max sagen
und ihn nicht aus den Augen lassen
Hypnose
verstehst du
Mein Onkel
hat für Hypnose
nichts übrig

Die Tiere gehorchen mir
umgekehrt
gehorche ich den Tieren
verstehst du
Hypnose
plötzlich
Im Ernstfall
sich hinwerfen
Das hast du doch in der italienischen Truppe gelernt
wie man sich hinwirft
Spaßmacher wirft sich wie in der italienischen
Truppe hin, steht wieder auf
So
so ist es richtig
Idiotisch
eine Verschwörung
m i t den Tieren einerseits
g e g e n die Tiere
andererseits

SPASSMACHER
Einerseits
andererseits

DOMPTEUR
Zuerst Angst
dann die Vorliebe
für die Angst
sagt mein Onkel

SPASSMACHER
Der Herr
Caribaldi

DOMPTEUR
Der Herr
hat die Bierflasche vom Klavier gestoßen,
unabsichtlich oder nicht, Spaßmacher springt
auf und wischt mit einem Fetzen das Bier
vom Boden auf
Die klassische Musik
bringt mich um

SPASSMACHER
Das Forellenquintett

DOMPTEUR
Die ganze klassische Musik
Spaßmacher stellt dem Dompteur, nachdem er
das Bier vom Boden aufgewischt hat, eine neue
Flasche Bier aufs Klavier und hockt sich wieder
dort auf den Boden, wo er vorher gehockt war,
Dompteur trinkt
Seine Tochter
hättest du sehen sollen
eine Schönheit
sie war ganz verstümmelt
Vorher hatte ihr Vater
sie noch die Übung Wie verneigt man sich
üben lassen
vierzehnmal
wie er diese Übung
ja auch seine Enkelin
vierzehnmal
machen läßt
Sie hat einen Fehler gemacht
verstehst du
Das Schlüsselbein
steckte ihr in der Schläfe
zeigt es
SPASSMACHER *macht es nach*
In der Schläfe
DOMPTEUR
Begräbnis dritter Klasse
so liebt der Vater die Tochter
daß die dann verscharrt wird
schon ein Jahr später
wußte kein Mensch mehr
wo
er suchte sie vergeblich
auf dem Friedhof
Seither fährt er nicht mehr
nach Osnabrück
Osnabrück nicht mehr
SPASSMACHER
Nicht mehr Osnabrück

137

Wie einen Hund
die eigene Tochter
verscharren lassen
verstehst du
Die höchsten Schwierigkeitsgrade
und immer rücksichtslos
immer die gleichen Übungen
immer die gleiche Rücksichtslosigkeit
Er kennt keine Müdigkeit
Er kennt kein Aufhören
Keinerlei Aufmucken
Einmal im Jahr
ein neues Kleid
oder ein paar Gummistiefel
sonst nichts
Er nennt sie
die einfachen Geschöpfe
Das Genie ist der Vater
mein Onkel
der die Geschöpfe tanzen
oder dressieren
oder jonglieren läßt
der von unten hinaufschaut
ist das Genie
verstehst du
schneidet ein Stück Wurst ab und wirft es dem
Spaßmacher zu, der fängt es und ißt es auf
Wenn das Kind einmal länger Toilette macht
Spaßmacher läßt die Haube fallen und setzt sie
sich gleich wieder auf
bekommt es eine Ohrfeige
und wird durch Verdoppelung der Übung
bestraft
Wie verneige ich mich
verstehst du
Diese Übungen
einszwei
einszwei
einszwei

138

verstehst du
und in der Nacht plötzlich aufstehen müssen
und die Übung machen
Wie verneige ich mich
schneidet ein Stück Rettich ab und wirft es dem
Spaßmacher zu
Da Rettich
Rettich da
Spaßmacher fängt das Rettichstück auf und verschluckt es
Wenn das Nachthemd naß ist
kein Mitleid
Aber einmal wirft es sich weg
ein solches Geschöpf
stürzt es sich
in die Manege
Die Verrücktheit
eines einzigen Menschen
in welche dieser Mensch rücksichtslos
alle andern hineintraktiert
Der nichts als die Vernichtung
im Kopf hat
Spaßmacher läßt die Haube fallen und setzt sie
sich gleich wieder auf
Im Regen die Übung machen
bei drei Grad
Wie verneige ich mich
Das Cello
und die Peitsche
verstehst du
schneidet ein Stück Rettich ab und wirft
es dem Spaßmacher hin, der fängt es auf und ißt es
Ich bin ein dummer Mensch
sagt er
vor allen Leuten
SPASSMACHER
Kunststücke machen
Kunststücke machen
Üben
üben
üben

macht einen Purzelbaum vor und einen
Purzelbaum zurück
DOMPTEUR
  Dafür hasse ich ihn
  schneidet ein Stück Wurst ab und wirft es dem
  Spaßmacher hin
  Verachtung für alles
  verstehst du
  Das Gegenüber
  immer
  in jedem Fall ein Idiot
  Mit seiner Enkelin ist er
  in Venedig gewesen
  In jedes Schauspiel sind sie gegangen
  Auch auf dem Markusplatz
  im Regen
  bei zwei Grad Celsius
  hat sie üben müssen
  Wie verneigt man sich
  trinkt, ißt
  Wenn du Max anschaust
  Hypnose mußt du denken
  es handelt sich
  um Hypnose
  Wenn du das vergißt
  reißt er dir ein Stück Fleisch
  heraus
  wie mir
SPASSMACHER
  Tuts weh
DOMPTEUR
  Mit Schnaps
  nicht
  zuerst Schnaps
  dann Bier
  Bier
  Bier
SPASSMACHER
  Mit Schnaps
  mit Bier

mit Bier
Bier
Bier
DOMPTEUR
Hypnose
verstehst du
Dabei kann ich
von Glück reden
Sterbensglück
Aber glaubst du
er hätte die Tiernummer
ausfallen lassen
ruft aus
Ein Stück Fleisch herausgerissen
und die Tiernummer
findet statt
verstehst du
Weil er hinter uns allen
her ist
immer zwei Schritte hinter uns
oder er steht schon vor uns
auch wenn er nicht da ist
ist er da
beobachtet uns
verstehst du
belauert uns
Mit seinem eigenen Holzbein erschlagen
wie einen Hund
SPASSMACHER *läßt die Haube fallen und setzt sie gleich*
  wieder auf
Wie einen Hund
DOMPTEUR
Wie einen Hund
Und immer pünktlich
das Forellenquintett
hebt den einbandagierten Arm
Hier unter der Achsel
zieht es
ein ziehender Schmerz
trinkt

Und allmählich verliere ich
die Sehkraft
das hat mir der Arzt prophezeit
SPASSMACHER
Die Sehkraft
DOMPTEUR
Morgen in Augsburg
muß ich den Augenarzt aufsuchen
SPASSMACHER
Morgen in Augsburg
DOMPTEUR *trinkt die Flasche vollkommen leer,
Spaßmacher springt auf und stellt eine neue
Flasche auf das Klavier und hockt sich wieder
auf den Boden*
Sich einen Menschen halten
wie ein Tier
verstehst du
Wir sind nichts
als Tiere
Das Klavier
die Viola
die Baßgeige
die Violine
Tiere
nichts als Tiere
SPASSMACHER
Tiere
DOMPTEUR
Absichtlich
läßt er das Kolophonium fallen
Neuerdings auch
vor dem Jongleur
Der Jongleur muß auf den Boden
zeigt unter den Kasten
Da unter den Kasten
*schneidet ein Stück Wurst ab und wirft es dem
Spaßmacher zu*
Der Herr Jongleur kriecht auf dem Boden
und apportiert meinem Onkel das Kolophonium
SPASSMACHER

Der Herr Jongleur
und der Herr Caribaldi

DOMPTEUR

In immer kürzeren Abständen
verstehst du
Apportiert
Manchmal denke ich
beiß zu
Aber er tut es nicht
Er hat mir den Kopf
abgebissen
träume ich
daß er zubeißt
Der Herr Dompteur
ohne Kopf
verstehst du
Spaßmacher lacht in sich hinein
Daß er Ernst macht
verstehst du
Der Kopf sagt Max
und ist schon abgebissen
Spaßmacher lacht
Die Hände
auf den Kopf
aber da ist kein Kopf mehr
Spaßmacher lacht in sich hinein
Der springt mich an
und beißt mir den Kopf ab
*trinkt aus der Flasche; Spaßmacher springt auf
und verliert die Haube, setzt sie sich gleich wieder
auf, erschrocken auf die Tür schauend*

CARIBALDI *tritt ein, zum Spaßmacher*

Unglaublich
Hinaus mit dir
In die Manege mit dir
mach deine Späße
Wirds bald
Spaßmacher mit einem Knicks vor Caribaldi ab
Auf dem ganzen Platz
suche ich diesen Menschen

Eine Ungeheuerlichkeit
Morgen Augsburg
Die ganze Zeit
der Jongleur allein
in der Manege
Keine Spur
vom Spaßmacher
Da versteht das Publikum
keinen Spaß
zum Dompteur
Bier
Rettich
Gestank
Für einen Betrunkenen
ist kein Platz hier
Das ist kein Platz hier
für einen Betrunkenen
halte dich an die Regel

DOMPTEUR
Aber

CARIBALDI
Es ist immer das gleiche
man muß hinter euch her sein
forsch
Hinaus mit dir
Die Tiere brüllen vor Hunger
und du frißt dich an
Hinaus
Dompteur steht auf; Caribaldi schreit den Dompteur an
Fauler Hund
Dompteur mit dem großen Rettich ab; Caribaldi
hängt den Zylinder an den Haken
An den Nagel hängen
an den Nagel hängen
Notenständer
diese nutzlosen Notenständer
stößt an einen der Notenständer,
packt einen der Notenständer
Das Forellenquintett
schlägt sich an den Kopf. Enkelin ist eingetreten

An den Nagel hängen
an den Nagel hängen
ENKELIN
Die Schuhpasta ist ausgegangen
CARIBALDI *imitiert sie*
Die Schuhpasta ist ausgegangen
Morgen in Augsburg
morgen in Augsburg
Diese nutzlosen Notenständer
Das Forellenquintett
An den Nagel hängen
alles
an den Nagel hängen
alles
schlägt sich mit der flachen Hand auf die Stirn
Idiot
ENKELIN
Willst du das Cello
CARIBALDI
Das Cello
das Cello
brüllt die Enkelin an
Das Maggini
oder das Salo
oder das Ferraracello
setzt sich
Komm her mein Kind
Enkelin geht zu ihm hin
Höre
die letzte Phrase leise
Crescendo
sage ich crescendo
Decrescendo
sage ich
decrescendo
sehr leise
die letzte Phrase
sehr sehr leise
berührt die Enkelin auf der Schläfe
Wir sind

145

von Bestien umgeben
von Bestien
decrescendo
decrescendo
crescendo
crescendo
schaut zur Tür
Mit mir allein mein Kind
Morgen Augsburg
schläfst du gut
in der Nacht
Ich schlafe nicht
ich träume nicht
Zeig deine Beine
Enkelin zeigt die Beine
Dein Kapital
Deine Mutter
hatte die schönsten Beine
Übst du
auf das genaueste
Üben
Aufwachen
Aufstehen
Üben
Üben
Üben
zupft am Cello, streicht einen langen tiefen Ton
auf dem Cello
Hörst du
Casals
Die Kunst auf dem Seil zu tanzen
ist ein Gottesgeschenk
Und die Zähne
Zeig her
Enkelin macht den Mund auf und zeigt die Zähne
Gute Zähne
das wichtigste
Machst du die Übung
mit Dreizehn
Dreizehn auf

dreizehn ab
Und die Übung
mit einundzwanzig
einundzwanzig auf
einundzwanzig ab
Keine Lektüre
mein Kind
Und merke dir
Ballett ist etwas anderes
Kein Ballett
Und höre nicht
was der Dompteur sagt
und höre nicht
was der Jongleur sagt
Es ist ein Mißverständnis
verstehst du
alles ein Mißverständnis
Arme hoch
Enkelin wirft die Arme hoch
Hoch
hoch
Enkelin wirft zweimal die Arme hoch
Und nicht zu den Tieren
schreit
Und nicht zu den Tieren
Deine arme Mutter
Und dann der Absturz
Zeig deine Hände
Enkelin zeigt ihre Hände
Gut
Die fortwährenden Warnungen
ihres Vaters
meiner Person
nutzlos
Kolophonium
hörst du
Kolophonium
Morgen in Augsburg
Eines Tages
ist sie zu den Tieren

und die Tiere haben zugebissen
in das Geschöpf hineingebissen
Sie war tapfer
die Ärzte haben sie
gut zusammengeflickt
kaum war sie zusammengeflickt
ist sie abgestürzt
Unaufmerksamkeit
Einen Augenblick Angst
verstehst du
Ein Fehltritt
Die Arme hoch
Enkelin wirft die Arme hoch
Hoch
hoch
hoch
Enkelin wirft dreimal die Arme hoch
Keine Bibliothek in Augsburg
Kein Buch
nichts
schreit plötzlich
Nicht zu den Tieren

ENKELIN
Nicht zu den Tieren

CARIBALDI
Auf dem Seil tanzen
hoch oben
in höchster Höhe
schaut empor
Ohne abzustürzen
Es ist ein schöner Anblick
plötzlich zu Boden schauend
Dieser Schrei
mein Kind
Sie war sofort tot
Wie du zum erstenmal
auf dem Seil gewesen bist
ich hatte Angst
Todesangst
berührt die Enkelin

Ich habe immer
Angst
schiebt die Enkelin weg. Enkelin dreht sich darauf
wie ein Kreisel
Die Musik ist es
und das menschliche Gehör
Die Kunststücke sind es
und die Musik
Jetzt bring mir das Cello
Enkelin zum Kasten, mit dem Magginicello zurück
nicht dieses Cello
Mein Kind nein
Nicht das Maggini
Das Ferraracello
Enkelin mit dem Magginicello zum Kasten zurück,
mit dem Ferraracello zu Caribaldi
Einmal
vor aller Öffentlichkeit
In der Manege
Enkelin gibt Caribaldi das Kolophonium, dieser
streicht den Bogen mit dem Kolophonium ein, gibt
das Kolophonium der Enkelin und streicht zwei
lange tiefe Töne
In aller Öffentlichkeit
Vielleicht im Herbst
in Nürnberg
ENKELIN
In Nürnberg
CARIBALDI
Aber Stillschweigen
Stillschweigen
mit dem Zeigefinger vor dem Mund
Stillschweigen
In der Manege
das Forellenquintett
Zuerst tanzt du auf dem Seil
und dann spielst du die Viola
leise
sehr leise
crescendo

149

decrescendo
Perfektion
Absolut
Die Leute kommen
und sehen
und hören
streicht einen langen tiefen Ton auf dem Cello
Sie kommen
in eine Zirkusvorstellung
und hören das Forellenquintett
Aber bis es soweit ist
bis Nürnberg
muß geübt werden
geübt werden
geübt werden
Schubert
nichts sonst
die Leoparden nicht
die Löwen nicht
die Pferde nicht
Nur du
und Schubert
Die Tellernummer nicht
Nur Schubert
und du
Dann
Es ist keine Probe
es ist ein Konzert
plötzlich heftig
Aber dieser Mensch
mit seinen immer neuen Verletzungen
und der Jongleur
mit seiner Perversität
der entsetzliche Charakter
des Spaßmachers
Diese fürchterlichen Menschen
In Betrachtung des Cellos
Eine Kostbarkeit
Ich habe es in Venedig gekauft
mit dem Erbe deiner Mutter

ihr ganzes Vermögen
hat mich
dieses Cello gekostet
Hier siehst du
zeigt es
ist das Wort Ferrara eingraviert
Das heilige Wort
Ferrara
Ich habe ihn zweimal gehört
mein Kind
einmal in Paris
und einmal in London
Casals
streicht einen langen tiefen Ton und wieder zurück
Es ist ein Unterschied
Hörst du den Unterschied
Kannst du den Unterschied hören
Jeden Tag frage ich dich
ob du den Unterschied hörst
hörst du ihn
Enkelin nickt
Es ist eine hohe Kunst
die Hörkunst
mein Kind
Die Kunst ist
daß man hört
und immer
daß man den Unterschied hört
hörst du den Unterschied
Enkelin nickt
Bring mir das andere
gibt der Enkelin das Ferraracello. Enkelin geht
zum Kasten und holt das Magginicello, gibt es
Caribaldi und bleibt vor ihm stehen. Caribaldi
streicht auf dem Magginicello einen langen leisen Ton
Hörst du den Unterschied
Dieser Unterschied
Casals
Es ist unmöglich
ab fünf Uhr nachmittag

auf dem Magginicello zu spielen
Am Morgen auf dem Maggini
am Abend auf dem Ferrara
Wir befinden uns
nördlich der Alpen mein Kind
auf Antwort wartend
Und

ENKELIN

Wir sind nördlich der Alpen

CARIBALDI

Richtig
wir sind nördlich der Alpen
Nicht auf dem Magginicello
nördlich der Alpen
nicht auf dem Magginicello
plötzlich forsch
Die Probe findet statt
Und wenn ich sie alle mit Fußtritten
an ihre Instrumente treten muß
Der Herr Dompteur glaubt
sich tagtäglich eine Verletzung gestatten zu können
und der Spaßmacher klagt
über seine Nierenschmerzen
und der Herr Jongleur
schützt mir seit Jahren
eine undefinierbare Krankheit vor
Die Probe findet statt
Wer nicht probt erreicht nichts
wer nicht übt
ist nichts
man muß unaufhörlich proben
unaufhörlich
verstehst du
unaufhörlich auf dem Seil
unaufhörlich an der Viola
unaufhörlich
man darf nicht absetzen
man darf nicht pausieren
streicht einen langen tiefen Ton auf dem Cello
Ein Morgeninstrument

kein Abendinstrument
kein Abendinstrument
gibt das Magginicello der Enkelin, die stellt es in
den Kasten und kommt mit dem Ferraracello
zurück, Caribaldi nimmt das Ferraracello und
streicht einen tiefen langen Ton
Hörst du
das ist es
Ja
das ist es
plötzlich laut, die Enkelin anherrschend
Crescendo
wenn ich crescendo sage
Decrescendo
sage ich decrescendo
Hast du verstanden
nichts berechtigt zur Nachlässigkeit
Casals
zupft an einer Saite
Die Kunst
ist eine mathematische Kunst
mein schönes Kind
Gib mir die Hand
Enkelin gibt Caribaldi die Hand
Du frierst ja
mein Kind
Enkelin tritt einen Schritt zurück, Caribaldi hebt
den Cellobogen, taktiert mit dem Cellobogen
die Enkelin, die widerspruchslos mit der Übung beginnt
Einszwei
einszwei
einszwei
einszwei
einszwei
einszwei
einszwei
einszwei
einszwei
einszwei
einszwei

153

einszwei
einszwei
Enkelin erschöpft, läßt Arme und Kopf fallen
Jetzt ist dir warm
mein Kind
Und
Wie verneigt man sich
Enkelin verneigt sich
So verneigt man sich
so
prüft das Gesicht der Enkelin
Du beherrschst dein Gesicht nicht
mein Kind
Du mußt dein Gesicht beherrschen
Morgen in Augsburg
streicht einen langen tiefen Ton auf dem Cello
Dieser Ton
ist ganz anders
hörst du diesen Ton
hörst du den Unterschied
Das Ferraracello
Enkelin nickt
Die Weltkörper
sind Versteinerungen
streicht einen langen leisen Ton.
Jongleur tritt auf,
Caribaldi bemerkt das nicht; Jongleur und
Enkelin hören Caribaldis langem Ton zu;
wenn der Ton zu Ende ist
Ist es auch ein Unglück
wird es das ganze Leben fortgesetzt
Ein Caribaldi
kein Künstler
Unvorstellbar
zeigt mit dem Cellobogen in die Höhe
Es ist eine Frage der Luftschichten
bemerkt den Jongleur
verstehen Sie
eine Frage der Luftschichten
Metaphysik vielleicht

Starr und flüssig
polare Entgegensetzungen
Vereinigt
in dem Begriff
von Feuer
plötzlich
Wie weit
sind die Leute
Es muß alles rasch gehen
Morgen um sechs
will ich in Augsburg sein
Schon wenn die Vorstellung anfängt
Abbau des Zelts
Die Zuschauer sitzen noch da
aber das Zelt ist nicht mehr da
Weiter weiter
gleich weiter
Wie viele waren denn da
Nichts Deprimierenderes
als die letzte Vorstellung
ich hasse
Ich sehe ja nichts
ich rieche nur
diesen üblen Geruch
den die Zuschauer ausströmen
Es ist lächerlich
immer wieder diese Bemerkung zu machen
aber der Geruch der Zuschauer
ist ein abstoßender
Ich sehe nichts
das ist wahr
aber ich rieche
wo ich bin
Dieser Geruch denke ich
Ah Koblenz
Dieser Geruch
Ah Berlin
dieser Geruch
Nürnberg etcetera
Ich rieche wo ich bin

ruft
Augsburg ist
das schlimmste
Die Tiernummer
verkürzen
die Tellernummer
verkürzen
dem Spaßmacher
die Späße reduzieren
verstehen Sie
Frisches Fleisch kaufen
in Augsburg
Wenn das so leicht wäre
mit dem Frischfleisch
Alle um fünf Uhr früh
in die Freibank
zur Enkelin
Auch du mein Kind
ich binde dir den Schal um
Die Freibank
Frischfleisch
hast du gehört
Frischfleisch
zum Jongleur
In der Kindervorstellung
keine Kürzung
Den Spaßmacher extra
immer wieder den Spaßmacher
Keine großen Worte
mein Herr Jongleur
Und alle Tiere
Alle Tiere
Es ist widerwärtig
meine ganze Kindheit
eine Schreckensherrschaft
läßt den Cellobogen fallen, und der Jongleur
und die Enkelin stürzen hin und wollen den
Cellobogen aufheben, der Jongleur hat ihn
aufgehoben und gibt ihn Caribaldi
Man darf die Not nicht vergessen

die die Kindheit gewesen ist
Jede Kindheit
zur Enkelin
Achte auf deinen Rücken
wenn du dich bückst
du bückst dich zu leichtfertig
unbewußt
doch bewußt
verstehst du
zum Jongleur
Immer sage ich ihr das gleiche
wie ich allen Leuten
immer das gleiche sage
alle diese Leute ändern sich nicht
aber es ist unmöglich
damit aufzuhören
mit diesen Ermahnungen
Die Körper
wie die Köpfe betreffend
Körper und Köpfe betreffend
Alles unter ständiger
in ständiger Kontrolle
zur Enkelin
Wie verneigt man sich
Enkelin stellt sich sofort auf
Also
Enkelin verneigt sich
So
gut so
zum Jongleur
Finden Sie
daß sich meine Enkelin
richtig verneigt

JONGLEUR

Sie verneigt sich
richtig
Herr
Caribaldi

CARIBALDI

Kopf und Körper

Körper und Köpfe
unter ständiger Kontrolle
Die Gedankenlosigkeit
ist das abstoßendste
Jongleur zu einem ihm gegenüber hängenden Bild,
um es geradezuhängen; Caribaldi über dieses Bild
Verona
wie man sieht
Sankt Zeno
Mein Vater im Sterben
auf dieser armseligen Bettstelle
wissen Sie
in einem ungeheizten Zimmer
Steinboden
Das Leintuch
als Leichentuch
tödlich
verstehen Sie
alles tödlich
Da auf einem solchen Steinboden
hatte mein sterbender Vater
sein Lager
Unsere Mutter
wer weiß wo sie war
Da sagte mein Vater
sterbend
Laßt es nie
in euerm Leben
so weit kommen
läßt den Cellobogen sinken, zum Jongleur
Ein anderer Nagel
ein anderer Nagel gehört eingeschlagen
Richten Sie es gerade
ist es gleich wieder schief

JONGLEUR

Ein anderer Nagel

CARIBALDI

Es ist noch nicht gerade
Jongleur glaubt, das Bild ist gerade, aber Caribaldi
sagt

Es ist noch nicht gerade
noch immer nicht
noch immer nicht
noch immer nicht
noch nicht
jetzt
Ah
Sie hätten das Bild nicht mehr berühren sollen
Jongleur richtet es wieder
Nein
nein
nein
Ja jetzt
jetzt
Jongleur tritt zurück und betrachtet das Bild;
Enkelin hat sich genau zwischen Caribaldi und
das Bild gestellt; Caribaldi, als wollte er die
Enkelin mit dem Cellobogen wegtreiben
Weg
weg mein
So
jetzt ist es gerade
zum Jongleur
Sie hätten das Bild nicht mehr berühren sollen
Mich irritiert es ja nicht
Sie irritiert es
Sie leiden darunter
ich leide nicht darunter
Blanke blitzblanke Spiegel
das lieben Sie
Ihre Schuhe im Hochglanz
Jongleur und Caribaldi und Enkelin schauen auf
die hochglanzgeputzten Schuhe des Jongleurs
Sie haben
wie ich weiß
immer ein Schuhfetzchen
in Ihrem Hosensack
im Hosensack rechts
rechts ein Schuhfetzchen
links ein Taschentuch

Schuhfetzchen
Taschentuch
Schuhfetzchen
Taschentuch
zum Jongleur befehlend
Ja zeigen Sie
zeigen Sie
fordert den Jongleur mit Bewegungen des Cellobogens
dazu auf, seine Hosensäcke umzudrehen
Drehen Sie
Ihre Hosensäcke um
Drehen Sie sie um
Jongleur dreht seine Hosensäcke um, aber es
kommt links das Schuhfetzchen und rechts das
Taschentuch zum Vorschein, nicht umgekehrt
Sehen Sie
nicht im linken Hosensack
haben Sie das Taschentuch
sondern rechts
links haben Sie das Schuhfetzchen
Auch Sie irren
Herr Jongleur
Stecken Sie alles wieder ein
Jongleur steckt Schuhfetzchen und Taschentuch
wieder ein, aber jetzt, wie es sich gehört, das
Schuhfetzchen in den rechten, das
Taschentuch in
den linken Hosensack
Taschenspielerei
Taschenspielerei
zur Enkelin
ein ordentlicher Mensch
hat im rechten Hosensack ein Schuhfetzchen
und im linken Hosensack
ein Taschentuch
Und er verwechselt nicht
linken und rechten Hosensack
Und er hat ein sauberes
weißes Taschentuch
zum Jongleur

Ich frage Sie nicht
wieviel saubere weiße Taschentücher
Sie besitzen
zur Enkelin
Er wäscht die Taschentücher
selbst
er ist unverheiratet
er wäscht sie sich selbst
in einem eigens dafür bestimmten Lavoir
Denn das ginge ja nicht
daß er sich im selben Lavoir
in dem er sich die Taschentücher wäscht
und die Schuhfetzchen wäscht
auch Schuhfetzchen müssen ab und zu
gewaschen werden mein Kind
auch das Gesicht wäscht
zum Jongleur
Einmal in Iserlohn
haben Sie sich
in das Schuhfetzchen geschneuzt
und mit dem Schuhfetzchen
die Nase geputzt
Erinnern Sie sich
wie Sie diesen fürchterlichen
langanhaltenden Schnupfen hatten
Enkelin lacht plötzlich laut auf, Caribaldi hämisch
In Iserlohn
Und in Marburg an der Lahn
die Enkelin anschauend
Und das
vor Publikum
Dompteur tritt auf, alle blicken auf den Dompteur,
der in der Tür stehenbleibt; Caribaldi zum
Dompteur, schreiend
Frischfleisch
morgen in Augsburg
Frischfleisch
zu sich und zur Enkelin
Was für ein abstoßender Mensch
Dompteur geht zum Klavier und nimmt einen

161

großen Rettich an sich und will wieder gehen, aber
der Spaßmacher tritt auf; Enkelin blickt auf den
Spaßmacher; Caribaldi horcht am Cellokasten und
streicht einen langen tiefen Ton, dreimal hin und
zurück; Spaßmacher winkt Enkelin zu sich und
flüstert ihr etwas ins Ohr und zeigt mit weitaus-
gestreckter Hand unter den Kasten; Enkelin geht
zum Kasten und holt das Kolophonium hervor und
geht damit zu Caribaldi. Caribaldi hat die
Enkelin zuerst nicht bemerkt, streicht einen langen
tiefen Ton, setzt ab und nimmt ihr das
Kolophonium ab und streicht damit den Cellobogen
ein – plötzlich zum Spaßmacher
Hast du deine Späße gemacht
Spaßmacher nickt; Caribaldi zur Enkelin
Wie verneigt man sich
Enkelin verneigt sich

Vorhang

Dritte Szene

Alle, außer dem Dompteur, auf den Sesseln, ihre
Instrumente stimmend, die Bogen der Instrumente
mit Kolophonium einstreichend

CARIBALDI *zur Enkelin*
Crescendo
wenn ich crescendo sage
Decrescendo
sage ich decrescendo
Es gibt in der Kunst
gar in den Kunststücken
kein Pardon
zum Jongleur
Diese Entwicklung
muß allein gegangen sein
den Schwachsinn
in einem einzigen Augenblick
zum Genie machen
Wenn ein Körper im ganzen
in ein Verhältnis tritt
so treten seine Teile
in ein ähnliches Verhältnis
wie der ganze Körper tritt
In diese Hunderttausende von Richtungen
in die ich hätte gehen können
in eine einzige bin ich gegangen
Aber ich bin kein Beispiel
tatsächlich bin ich
gescheitert
Der Direktor ist immer
gescheitert
Die Versuche die ich
gemacht habe
gescheitert
die Möglichkeiten
die ich gehabt habe
Weil sich ein Mensch wie ich

in fortwährender Beobachtung
der anderen Menschen
vernichten muß
Die andern sich entwickeln lassen
verbietet sich einem solchen Menschen
wie ich
Eine an sich mittelmäßige Verwandtschaft
und die Hohe Kunst
andererseits
Und die fortwährenden Versuche
die Mittelmäßigkeit der Verwandtschaft
in diese Hohe Kunst
oder besser in diese sogenannte Hohe Kunst
hinein
und hinunterzustoßen
Diese tagtägliche Quintettprobe
ist keine Marotte
zur Enkelin
Die Viola so spielen
wie du auf dem Seil tanzt
zum Jongleur
Die Violine absolut
zu ihrem Kopf machen
und umgekehrt
wissen Sie
zum Spaßmacher
Die Baßgeige
ist dein Unglück
verstehst du
immer wieder
Die Baßgeige
ist dein Unglück
Immer diese Verzögerungen
diese Verletzungen
diese Launen
zur Enkelin
In Augsburg
die E-Saite nicht vergessen
Ein ganz und gar verrückter Musikalienhändler
in Augsburg

Immer ist es der Dompteur
der das Quintett sabotiert
schreit
Sabotage
Sabotage
JONGLEUR
Die Wunde eitert ihm
sagt der Dompteur
mit einer eitrigen Wunde
CARIBALDI
Die Wunde eitert ihm
die Wunde eitert ihm
mit einer eitrigen Wunde
Aber es ist ein Quintett
kein Quartett
Und weil er fortwährend
eitrige Wunden an seinem Körper hat
besauft er sich
und dann ist es ihm unmöglich
sich auf dem Klavier zurechtzufinden
Er findet sich auf dem Klavier nicht zurecht
streicht einen tiefen langen Ton auf dem Cello.
Jongleur streicht einen Ton auf der Geige; Enkelin
zupft an der Viola; Spaßmacher zupft an der
Baßgeige
Casals
streicht einen tiefen langen Ton auf dem Cello
Casals
zum Jongleur
Hören Sie den Unterschied
streicht einen tiefen langen Ton auf dem Cello
Casals
plötzlich befehlend
Den Stimmton bitte
alle streichen einen langen Ton auf ihrem Instrument
Jetzt gelänge
was uns schon lange
nicht gelungen ist
aber der Dompteur
macht alles zunichte

165

richtet sich den Notenständer mit dem Notenheft
Rettich
überall Rettichgestank
Jongleur bläst den Staub von seinem Notenheft
Die Rücksichtslosigkeit
ist ein Kunstwille
die einzige Möglichkeit
ist die Rücksichtslosigkeit
Aber die Umwelt
ist nichts als Dummheit
und Krankheit
und Unverständnis
Jahrzehnte spiele ich
gegen den Stumpfsinn das Cello
Aber es ist kein Ende abzusehen
kein Ende abzusehen
zupft am Cello
Perfektion
Die Gesellschaft stößt
wer gegen sie verstößt
aus
zur Enkelin
Du mußt die Viola spielen
wie du auf dem Seil tanzt
verstehst du
Zwei Saiten in Augsburg
EE verstehst du
E-Saiten
zum Jongleur
Lebenslänglich
mein lieber Herr Jongleur
lebenslänglich
Sie jonglieren mit Ihren Tellern ja auch
lebenslänglich
gegen die Gesellschaft
Ihr Kopf kommt nicht zur Ruhe
gegen die Gesellschaft
zum Spaßmacher
Melancholiker
Spaßmacher streicht dreimal kurz auf der Baßgeige

hin und her
Mit dem Bogen
mit dem Geigenbogen
mit dem Baßgeigenbogen
mit dem Cellobogen
gegen alles
Der Kopf ist von der Kunst
die einer macht
nicht mehr in Ruhe gelassen
hört er auch
ist er tot
sich mit dem Bogen
in den Tod
hineinstreichen
streicht einen langen tiefen Ton auf dem Cello;
über den Dompteur zum Spaßmacher
Wie er dir die Wurststücke
und die Rettichstücke
zuwirft
streicht einen langen tiefen Ton auf dem Cello;
Enkelin bohrt in der Nase; Caribaldi hat das
bemerkt, zum Jongleur
Es ist Ihnen nicht gelungen
meiner Enkelin
das Nasenbohren abzugewöhnen
kaum sitzt sie auf dem Sessel
bohrt sie in der Nase
zur Enkelin
Das ist eine Verunstaltung
mein Kind
auch während du spielst
bohrst du in der Nase
Das ist abstoßend
während des Forellenquintetts
in der Nase bohren
zum Jongleur
Oder diese fürchterliche Gewohnheit
in das Andante hineinzuhusten
ein so ausgezeichneter
geschulter Kopf

und eine solche fürchterliche Gewohnheit
Sie müssen mehr Malz einnehmen
eine größere Menge Malz
verstehen Sie
und wenn Sie die Atemübungen
die ich Ihnen empfohlen habe
auch wirklich machen
Um sechs in der Frühe hinaus
gleich wo
und sei es in Augsburg
eine Stunde oder auch nur
eine halbe Stunde
in der frischen Luft
das Crescendo nicht außer acht lassend
verstehen Sie
Diese Verengung Ihrer angegriffenen Bronchien
Sie erweitern sie
Sie sind in der kürzesten Zeit
beschwerdelos
Aber Sie befolgen nicht
was ich sage
So haben Sie ja auch Schwierigkeiten
mit dem achtzehnten Teller
das gelingt Ihnen nicht
Weil Sie Schwierigkeiten
mit der Atmung haben
Atmungsschwierigkeiten
zu allen
Alle habt ihr Atmungsschwierigkeiten
Die Atmung funktioniert nicht
das ist es
Wenn die Atmung funktioniert
funktioniert auch die Hohe Kunst
Für einen Künstler
für einen praktizierenden Künstler
noch dazu für einen Artisten
oder für einen solchen
der ausübender praktizierender Künstler
und dazu auch noch Artist ist
ausübender Artist

ist die Beherrschung der Atmung
das wichtigste
zum Jongleur direkt
Ihre Sprache ist ja auch
nur aus kürzesten Sätzen zusammengesetzt
nur aus kürzesten Sätzen
besteht Ihre Sprache
während Ihrer ganzen Erscheinung
ordentlich lange
lange ordentliche Sätze entsprächen
Was Sie sagen
ist abgehackt
alles ist abgehackt
was Sie sagen
Das deutet darauf hin
daß Sie die Atmung
nicht beherrschen
das ist eine Schande
für einen Artisten
zu allen
Die Störungen
abschaffen
die Organismusgebrechen
Das ganze Leben
bin ich damit beschäftigt
alle zusammen streichen auf Caribaldis
stummes Kommando einen Ton auf ihrem
Instrument
Jetzt
gut so
Aber das Klavier hat uns wieder
im Stich gelassen
Jongleur hustet
Kaum spielen wir ein paar Takte
husten Sie hinein
Spaßmacher läßt die Haube übers Gesicht fallen
Oder dem Spaßmacher fällt die Haube
vom Kopf
Ständig rutscht ihm
die Haube vom Kopf

zum Spaßmacher direkt
Hast du denn keine Haube
die dir nicht fortwährend
herunterrutscht
kaum sitzt er da
rutscht ihm die Haube herunter
Enkelin lacht; Caribaldi zum Jongleur
darüber lacht sie natürlich
schreit die Enkelin an
Lachst du
zum Jongleur
Dieses entsetzliche Lachen
meiner Enkelin
über das Herunterrutschen der Haube
des Spaßmachers
Ist die Haube zu weit
rutscht sie ihm herunter
ist sie ihm zu eng
rutscht sie herunter
Dann sieht er nichts
und ein Mißton ist da
sofort ist ein Mißton da
Ist ein Mißton da
weiß ich
ihm ist die Haube heruntergerutscht
zum Jongleur
Gibt es denn keine Methode
daß ihm die Haube nicht mehr herunterrutscht
An den Kopf anschrauben
Aber man kann sie ihm nicht
an den Kopf anschrauben
an den Kopf
Spaßmacher läßt die Haube übers Gesicht rutschen;
Enkelin lacht
Da rutscht die Haube
Spaßmacher setzt sich die Haube wieder auf;
Enkelin lacht
Die Haube rutscht
und meine Enkelin lacht
Rutscht die Haube

170

lacht meine Enkelin
JONGLEUR
Zuerst rutscht
die Haube
CARIBALDI
dann lacht
meine Enkelin
Spaßmacher bricht in Gelächter aus
Der Spaßmacher
hat nicht zu lachen
er hat nichts
zu lachen
SPASSMACHER *hört auf zu lachen, sagt*
nichts zu lachen
nichts zu lachen
JONGLEUR *mit dem Geigenbogen gegen ihn*
Der Spaßmacher
hat nicht zu lachen
Er hat nichts zu lachen
CARIBALDI
Der Spaßmacher nicht
zur Enkelin
Dieses Lachen
kommt dich teuer
zu stehen
Vier Tage Kartoffelsuppe
dann vergeht dir
das Lachen
streicht einen Ton auf dem Cello, dann
Oder ich habe diesen
fürchterlichen rheumatischen Schmerz
den ich mir auf dem Stilfser Joch
zugezogen habe
Sie erinnern sich
auf dem Stilfser Joch
JONGLEUR
Auf dem Stilfser Joch
ENKELIN UND SPASSMACHER *zusammen*
Auf dem Stilfser Joch
CARIBALDI

Ein Luftzug
Ein Luftzug nur
SPASSMACHER
Ein Luftzug
läßt die Haube fallen und setzt sie sich gleich
wieder auf
CARIBALDI *schreit den Spaßmacher an*
Ein Luftzug
zum Jongleur
Dieser fürchterliche Rückenschmerz
Aber ich verliere nicht die Beherrschung
ich gestatte mir
den Schmerz nicht
während des Spiels
streicht einen langen tiefen Ton auf dem Cello,
horcht
Die Temperatur sinkt
zum Jongleur
Hören Sie
die Temperatur sinkt
Ich bemerke an dem Celloton
daß die Temperatur sinkt
Morgen in Augsburg
zur Enkelin
Die Wärmflasche
morgen in Augsburg
nicht vergessen
streicht einen tiefen Ton auf dem Cello
Augsburg
ist kalt
JONGLEUR
Kein größeres Vergnügen
als mit dem Quintett
den Schmerz besiegen
Enkelin unterdrückt ein Lachen; Spaßmacher läßt
die Haube vors Gesicht fallen; zu Caribaldi
Er wäre nicht der Spaßmacher
wenn er nicht
von Zeit zu Zeit
seine Haube

CARIBALDI
Das ist eine Unverschämtheit
die Haube fallen zu lassen

JONGLEUR
Eine ganz bestimmte Kopfbewegung
und die Haube fällt

CARIBALDI *zeigt mit dem Cellobogen auf den Kopf des*
Spaßmachers
Und die Haube fällt
fällt die Haube
Spaßmacher hält sich mit beiden Händen
die Haube am Kopf fest; Enkelin und Jongleur
lachen laut auf
Eine Unverschämtheit
eine Unverschämtheit

JONGLEUR *zu Caribaldi*
Eine peinliche Situation

CARIBALDI
Eine Unverschämtheit

JONGLEUR
Eine Unverfrorenheit

CARIBALDI *zum Jongleur*
Sie lachen zu sehen
Sie nicht nur lachen
zu hören
Sie lachen zu sehen
bei diesem widerwärtigen Anlaß
Jongleur lacht jetzt vollkommen frei und laut
vor sich hin
Es gibt nichts Abstoßenderes
als das unmotivierte Lachen
eines intelligenten Menschen
Spaßmacher läßt die Haube vors Gesicht fallen
und setzt sie sich gleich wieder auf und hält sie mit
beiden Händen am Kopf fest. Alle außer
Caribaldi lachen laut, hören blitzartig zu lachen
auf; Caribaldi will aufspringen, wird aber von
heftigen Rückenschmerzen zurückgehalten,
setzt sich wieder

JONGLEUR

Sie dürfen nicht abrupt
aufspringen
Sie wissen
daß Sie nicht abrupt
aufspringen dürfen
CARIBALDI
Morgen in Augsburg
greift sich an den Rücken
Morgen in Augsburg
Mein ganzes Leben
ist eine Qual
alle meine Vorstellungen
sind zunichte
Aber nicht genug
wird man auch noch
fortwährend aufgezogen
den Jongleur anblickend
desavouiert
den Spaßmacher anblickend
hintergangen
die Enkelin anblickend
ausgelacht
zum Spaßmacher
Du machst mich wahnsinnig
wenn du die Haube
mit beiden Händen
an deinem Kopf festhältst
*Spaßmacher nimmt die Hände weg vom Kopf, die
Haube fällt; Caribaldi ruft aus*
Ein Alptraum
ein Alptraum
*Spaßmacher setzt sich die Haube wieder auf;
Caribaldi schaut auf die Uhr*
Eines Tages
bringe ich diesen Menschen
um
Diesen Neffen
*streicht einen langen Ton auf dem Cello und zupft
an einer Saite*
Obwohl er weiß

wir warten auf ihn
Kommt er nicht
Es ist sein Triumph
streicht sieben kurze kräftige Töne auf dem Cello
Es ist sein Triumph
streicht einen kurzen tiefen Ton, setzt ab
Casals
Wir müssen die Temperaturschwankungen
beachten
zur Enkelin
Den größten Wert auf die Temperaturschwankungen
legen
zum Jongleur
Es ist ein Quintett
kein Quartett
Es heißt nicht
Forellenquartett
es heißt
Forellenquintett
Die eingehen
über den Dompteur
verfüttert er an die andern
zupft am Cello
Immer lungert der Mensch herum
frißt sauft
ruft aus
Ein Zersetzer
Ich bin genug bestraft
bedeutet dem Spaßmacher, ganz an ihn,
Caribaldi, heranzukommen; Spaßmacher ganz an
Caribaldi heran; Caribaldi, die Haube des
Spaßmachers untersuchend, zum Jongleur
Vielleicht ist es
nur eine Frage
des Stoffes
klopft dem Spaßmacher auf den Kopf, fragt ihn
Was ist das für ein Stoff
SPASSMACHER
Seide
Seide ist es

CARIBALDI *zum Jongleur*
  Seide
  Seide ist es
  Es ist Seide
  ruft aus
  Seide Seide
  zum Jongleur
  Muß es Seide sein
  Es muß nicht Seide sein
  Seide muß es nicht sein
  Leinen
  Leinen
  gestärktes Leinen
  Jongleur zuckt die Achseln; Caribaldi zur Enkelin
  Es muß nicht Seide sein
  mein Kind
  Leinen
  gestärktes Leinen
ENKELIN
  gestärktes Leinen
CARIBALDI *zum Spaßmacher*
  Gib her
  zeig her
  gib her
  *Spaßmacher gibt Caribaldi die Haube, dieser
  betrachtet die Haube*
  Seide
  Seide
  die Haube ist ja viel zu bauschig
  eine viel zu bauschige Haube
  Leinen
  Leinen
  gestärktes Leinen
  Ich kann mir vorstellen
  daß eine Haube aus Leinen
  aus gestärktem Leinen
  auf dem Kopf bleibt
  greift dem Spaßmacher auf den Kopf
  Auf diesem Kopf bleibt
  auf dem Kopf

176

die Haube
da auf dem Kopf
aus gestärktem Leinen
gibt dem Spaßmacher die Haube zurück,
Spaßmacher setzt sich die Haube auf
Eine Leinenhaube natürlich
Spaßmacher im Rückwärtsgang
Eine Leinenhaube
eine gestärkte Leinenhaube
Spaßmacher setzt sich
Morgen in Augsburg
In Augsburg morgen
Leinen
gestärktes Leinen
zur Enkelin
die Haube gestärkt
Morgen in Augsburg
mein Kind
In Augsburg
Spaßmacher verliert die Haube, Caribaldi schreit
Aufsetzen
die Haube aufsetzen
die Haube aufsetzen
Spaßmacher setzt die Haube auf; Caribaldi zum
Jongleur
Eine Verrücktheit
eine Marotte
ein Krankheitserreger
JONGLEUR *wiederholt*
Ein Krankheitserreger
CARIBALDI
Ein Krankheitserreger
greift sich an den Rücken
Alles ist gegen
die Probe
gegen mich
ruft aus
Ihr seid alle gegen mich
ich sollte euch alle zum Teufel jagen
greift sich an die Hüfte

177

Je weiter nach Norden
desto größer die Schmerzen
zum Jongleur
Gibt es denn in Augsburg
überhaupt einen Arzt
einen Rheumaspezialisten
in diesem muffigen verabscheuungswürdigen Nest
In dieser Lechkloake
zur Enkelin
Du mußt mich heute noch einreiben
mein Kind
von unten nach oben
verstehst du
langsam von unten
nach oben
Den Saft schütteln
schütteln den Saft
JONGLEUR *zur Enkelin*
Der Rückenschmerzsaft
gehört gut
geschüttelt
CARIBALDI
Schütteln
schütteln
verstehst du
JONGLEUR *zu Caribaldi*
Diese Rheumatismussäfte
müssen gut geschüttelt sein
CARIBALDI *zum Jongleur*
Oder ich lasse mich doch
von meinem Neffen einreiben
diese großen diese riesigen Handballen
meines Neffen tun mir gut
zur Enkelin
Deine Hände sind
Hühnerknochen
wie Hühnerknochen
nein
zum Jongleur
Diese riesigen Handballen

178

meines Neffen wissen Sie
Spaßmacher streicht jetzt mehrere lange tiefe Töne
auf der Baßgeige; Caribaldi zum Jongleur
Zum Einreiben
ist mein Neffe
gut genug
sonst ist er
für nichts
Enkelin streicht, während der Spaßmacher
dasselbe auf der Baßgeige tut, auf ihrem Instrument,
der Viola, mehrere Töne; Caribaldi zum Jongleur
Diese großen fleischigen Handballen
müssen Sie wissen
Dieser mißratene Mensch
der die Gewohnheit hat
ständig auf dem Klavier
noch dazu auf dem offenen Klavier
riesige die größten Rettiche
zu essen
Jongleur streicht mehrere Töne auf der Violine,
während der Spaßmacher und die Enkelin noch
nicht aufgehört haben, ihre Instrumente zu
streichen; Caribaldi plötzlich
Das ist ja nicht auszuhalten
dieses verstimmte Klavier
und dieser entsetzliche Gestank
vom Rettich
alle hören auf, ihre Instrumente zu streichen
Streichinstrumente
Streichinstrumente
ruft aus
Gibt es denn in Augsburg
überhaupt
einen Klavierstimmer
Einen solchen durch und durch
unmusikalischen Menschen
an das Klavier zu setzen
weil man dazu gezwungen ist
zum Jongleur
Das Klavier als Biertisch

als Unterlage für das Verzehren
das unaufhörliche Verzehren
von Rettich
streicht einen langen tiefen Ton auf dem Cello; zum
Jongleur
Auch Experimentator
ist nur das Genie
Das ist eine bedrohliche Gewohnheit
streicht einen langen tiefen Ton auf dem Cello
Immer ist dieser entsetzliche
dieser grauenhafte Rettichgeruch
in der Luft
Alles stinkt nach Rettich

JONGLEUR
Nach Rettich

SPASSMACHER UND ENKELIN
Nach Rettich

CARIBALDI *streicht einen tiefen Ton auf dem Cello*
Er ist ein Tier
ein uneheliches Tier
Weil es sich um Verwandtschaft handelt
Ein Indiz ja
Aufgepäppelt
aus der Strafanstalt
herausgeholt
und aufgepäppelt
zum Jongleur
Das erste ist
sich Rettich
zu verschaffen

JONGLEUR
Diese ungeheuern Mengen
Rettich
die er verzehrt

CARIBALDI
Rettich
Spaßmacher und Enkelin streichen wieder auf
ihren Instrumenten
Bierrettich
Sodomie

180

Sodomie
zum Jongleur
Bierrettich
Sodomie
verstehen Sie
streicht einen langen tiefen Ton auf dem Cello
in das Instrumentestreichen des Spaßmachers und
der Enkelin hinein
Sodomie
Sodomie
plötzlich, am Cello zupfend, ausrufend
Müssen wir uns das gefallen lassen
daß dieser Mensch
tagtäglich die Probe sabotiert
Spaßmacher läßt die Haube ins Gesicht rutschen
Die Idee
ist der Wahnsinn
Spaßmacher setzt sich die Haube wieder
auf und hält sie mit beiden Händen fest,
die Baßgeige zwischen den Beinen, während
der Jongleur von der Enkelin angestarrt
wird
Was sitzt du da
und starrst ihn an
zum Jongleur
Das Kind ist
von Ihrer Persönlichkeit
fasziniert
Das schadet seiner Kunst
zur Enkelin
Den Jongleur anstarren
und alles andere vernachlässigen
Keine Disziplin auf dem Seil
aber den Jongleur anstarren
die Viola nichts
aber den Jongleur anstarren
Die Rechenaufgabe nicht lösen
Vergessen die Hosenknöpfe
anzunähen
Ein übles Geschöpf

mein Kind
Morgen in Augsburg
kaufe ich dir die ganze grauenhafte Literatur
und du wirst vor lauter Auswendiglernen
keine Zeit mehr haben
für den Jongleur
zum Jongleur
Und der Herr Jongleur
hat keinerlei Recht
die Dummheit
und die Unsinnigkeit meiner Enkelin
auszunützen
Spaßmacher verliert die Haube, Caribaldi über
den Spaßmacher zum Jongleur
Man muß ihm die Haube
an eine Schnur nähen
und die Schnur ihm unter dem Kinn
zuziehen
zum Spaßmacher
Die Haube an eine Schnur
und unter dem Kinn zuziehen
daß die Haube
nicht mehr fallen kann
die Haube
JONGLEUR *zu Caribaldi*
Aber Herr Caribaldi
das ist es ja
worüber die Leute lachen
wenn ihm die Haube
vom Kopf fällt
Spaßmacher lacht laut auf, mit ihm die Enkelin
CARIBALDI
Das ist es
natürlich
das ist es
streicht einen Ton; Jongleur hustet; Caribaldi zum
Jongleur
Malz
hören Sie
Malz

182

Jongleur hustet
Morgen in Augsburg

Über die Haube

JONGLEUR *zu Caribaldi*
Ein Kompromiß
ist erforderlich

CARIBALDI
Ein Kompromiß
ein Kompromiß

JONGLEUR
Was für ein Kompromiß
Spaßmacher streicht einen Ton auf der Baßgeige,
Enkelin streicht einen Ton auf der Viola,
Spaßmacher und Enkelin streichen mehrere Töne
auf ihren Instrumenten. Jongleur zu Caribaldi
Es ist ganz einfach

CARIBALDI
Einfach

JONGLEUR
In der Manege
darf er die Schnur
wenn eine solche angenäht ist

CARIBALDI
Wenn eine solche

JONGLEUR
Wenn eine solche wirklich angenäht ist

CARIBALDI
Wenn eine solche

JONGLEUR
Wenn eine solche wirklich angenäht ist
nicht zuziehen

CARIBALDI
Damit die Haube
deutet das Fallen der Haube an
fallen kann

JONGLEUR
Richtig
damit die Haube

fallen kann

SPASSMACHER
Fallen kann

CARIBALDI
Fallen kann

JONGLEUR
Fallen kann

SPASSMACHER
Fallen kann

JONGLEUR
Aber in Ihrer Gegenwart
Herr Caribaldi
hat er die Haubenschnur
festgebunden
zugezogen
und festgebunden

CARIBALDI
Festgebunden

JONGLEUR *zeigt den Vorgang des Haubenfestbindens,*
Schnurzuziehens
Festgebunden
sehen Sie

CARIBALDI
Festgebunden

SPASSMACHER
Festgebunden
Enkelin lacht auf

JONGLEUR
Tritt der Spaßmacher auf
hat er die Haube
nicht festgebunden
tritt er nicht auf
tritt er vor Ihre Augen
Herr Caribaldi
hat er sie festgebunden

CARIBALDI
Nicht festgebunden

JONGLEUR
Festgebunden

CARIBALDI

    Nicht festgebunden
JONGLEUR
    Festgebunden
    festgebunden
CARIBALDI
    Festgebunden
JONGLEUR
    Die Haube ist nicht festgebunden
    damit sie fallen kann
CARIBALDI
    Fallen kann
SPASSMACHER
    Fallen kann
    Enkelin lacht; Spaßmacher verliert die Haube
    und setzt sie sich gleich wieder auf;
    Enkelin lacht auf
CARIBALDI *zum Spaßmacher*
    Natürlich
    trittst du auf
    hast du die Haube
    nicht festgebunden
    trittst du nicht auf
    hast du sie festgebunden
    zum Jongleur
    Er hat sie festgebunden
    wenn wir das Forellenquintett spielen
    zum Spaßmacher
    Immer während der Probe
    hast du sie festgebunden
JONGLEUR *zu Caribaldi*
    Sehen Sie
    es ist ganz einfach
    tritt er auf
    hat er die Haube nicht festgebunden
    damit sie fallen kann
    tritt er nicht auf
    hat er sie festgebunden
CARIBALDI *plötzlich zum Jongleur*
    Ich kann es nicht ertragen
    wenn ihm die Haube vom Kopf fällt
185

zum Spaßmacher
Trittst du auf
hast du die Haube festgebunden
JONGLEUR *dazwischen*
Nicht festgebunden
damit sie fällt

CARIBALDI
Damit sie fällt
festgebunden

JONGLEUR
Nicht festgebunden

CARIBALDI
Nicht festgebunden natürlich
trittst du nicht auf
hast du sie festgebunden
zum Spaßmacher
Morgen in Augsburg
eine Schnur

JONGLEUR
Spagat am besten

CARIBALDI
Am besten Spagat
und festziehen
festziehen
unter dem Kinn
unter dem Kinn
*zeigt, wie man unter dem Kinn eine Schnur festzieht,
damit die Haube nicht herunterfallen kann*
So
siehst du
so
fest

JONGLEUR
Fest
sehr fest

CARIBALDI
Fest
fest

JONGLEUR
Fest

CARIBALDI
Damit die Haube nicht
herunterfallen kann
JONGLEUR
Denn dann lacht niemand
Sein ganzer Auftritt
ist darauf aufgebaut
daß ihm die Haube herunterfällt
CARIBALDI *zum Spaßmacher*
Daß dir fortwährend
die Haube herunterfällt
darauf aufgebaut
aufgebaut darauf
JONGLEUR
Und daß er selbst
alle Augenblick
zu Boden fällt
stürzt
CARIBALDI
Stürzt
stürzt
alle Augenblicke
JONGLEUR
Das ist Ihre eigene Erfindung
Herr Caribaldi
daß er die Haube verliert
und daß er alle Augenblicke
selbst hinfällt
CARIBALDI
Hinfällt
die Haube verliert
die Haube
hinfällt
JONGLEUR
Abwechselnd fällt ihm
die Haube vom Kopf
fällt er hin
Es ist Ihr Einfall
Herr Caribaldi
Enkelin streicht einen langen Ton auf der Viola

CARIBALDI
  Es ist mein Einfall
JONGLEUR
  Es ist nur wichtig
  daß die Haube
CARIBALDI
  Daß die Haube
JONGLEUR
  Daß die Haube zum richtigen Zeitpunkt
  vom Kopf fällt
CARIBALDI *schreit den Spaßmacher wütend an*
  Das ist wichtig
  hast du gehört
  droht ihm mit dem Cellobogen
  hast du gehört
  *Spaßmacher läßt die Haube vom Kopf fallen und
  setzt sie sich gleich wieder auf und hält sie mit
  beiden Händen fest; Caribaldi mit hocherhobenem
  Cellobogen*
  Das ist wichtig
  Wichtig
JONGLEUR
  Wichtig
CARIBALDI
  Sehr wichtig
SPASSMACHER
  Wichtig
CARIBALDI *horcht am Cello und streicht einen langen
  leisen Ton*
  Casals
  ist nie mehr
  nach Spanien zurück
  blickt auf den Jongleur
  Nie mehr
  verstehen Sie
  nie mehr
  *streicht einen langen leisen Ton auf dem Cello,
  dann zur Enkelin*
  Und du
  hast du dein Instrument gestimmt

188

Ist es gestimmt
Gerade weil du kein absolutes Gehör hast
Enkelin streicht nach und nach über alle Saiten
ihrer Viola; Caribaldi zum Spaßmacher
Und du
Du treibst dich herum
und stimmst dein Instrument nicht
schreit alle an
Kakophonie
zum Spaßmacher
Wie du dir die Zähne nicht putzt
stimmst du auch dein Instrument nicht
zum Jongleur
Dieser üble Geruch
wenn er den Mund aufmacht
Gut daß die Manege
so groß ist
sonst vertriebe er mir mit seinem üblen Geruch
noch die Zuschauer
Wieviel waren es denn
Viele

JONGLEUR

Zwei Dutzend

CARIBALDI

Vor zwei Dutzend Leuten
zu spielen
Morgen Augsburg
Morgen Augsburg
Spaßmacher läßt die Haube fallen und setzt sie sich
gleich wieder auf; Caribaldi zum Jongleur
Andere Späße
andere Nummern
andere Tiere
andere Artisten
ganz andere Artisten
streicht hastig einen hohen Ton auf dem Cello.
Enkelin streicht einen tiefen Ton auf der Viola,
Spaßmacher zupft mehrere Male an der Baßgeige.
Caribaldi zum Spaßmacher
Wie oft habe ich dir gesagt

Zähneputzen
Instrumentstimmen
Mir ist es gleichgültig
ob du dir zuerst die Zähne putzt
oder die Baßgeige stimmst
Gib her
Spaßmacher gibt Caribaldi seine Baßgeige,
Caribaldi nimmt die Baßgeige, zupft daran, zum
Jongleur
Völlig verstimmt
ein völlig verstimmtes Instrument
versucht die Baßgeige zu stimmen, zupft daran;
zum Jongleur
Hören Sie
Sehen Sie
hören Sie
gibt dem Spaßmacher die Baßgeige zurück; zum
Jongleur
Verfolgung der Idee
Krankheiten
durch Krankheiten zu kurieren
Durch den Tod wird das Leben verstärkt
Kakophonie
Jongleur zupft an seiner Violine; Caribaldi zupft
an seinem Cello
Casals ließ sich Zeit
Casals
Jongleur zupft an seiner Violine; Enkelin streicht
drei kurze schnelle Töne auf der Viola;
Jongleur zupft die Violine
Man merkt
Ihr Hochschulstudium
Die Akademie merkt man
zu allen
Die Voraussetzung ist natürlich
ein gestimmtes Instrument
Ich bin nicht gewillt
Zeuge einer Kakophonie
zu sein
Ich glaube nicht

daß die Probe zustande kommt
über den Dompteur
Aber soll er nur auftauchen
Soll er nur kommen
mein Neffe
der Herr Dompteur
zur Enkelin
Gib her
Enkelin gibt Caribaldi die Viola, Caribaldi hält
die Viola in die Höhe
Die Viola
Viola da braccio
versucht die Viola zu stimmen
JONGLEUR
Auf die Zarge kommt es an
CARIBALDI
Natürlich kommt es
auf die Zarge an
zupft an der Viola und gibt sie der Enkelin zurück
Tagtäglich prüfe ich
eure Instrumente
Kein Mensch kann
sein Instrument stimmen
Wie wenn es unmöglich wäre
die Zunge herauszustrecken
das ist abstoßend
Zwei Schachteln Kolophonium
in Augsburg
JONGLEUR
Einreibemedizin
CARIBALDI
Einreibemedizin
zur Enkelin
Mit dir gehe ich an den Lech
und lasse dich
auf der Lechbrücke
dreihundertmal
Ich muß meine Viola selbst stimmen
sagen
Es gibt natürlich Musiker

tatsächlich sogar Orchestermusiker
und sogar solche in philharmonischen Orchestern
die ihr Instrument nicht selbst stimmen können
sie bilden sich ein
sie können das
aber sie haben überhaupt kein Gehör
Enkelin spielt mehrere Töne auf der Viola;
Caribaldi zum Jongleur
Zur Geistesschwäche
dieser Leute
dieser sogenannten Philharmoniker
kommt auch noch die Gehörschwäche
ganze Orchester leiden darunter
Man hört den Dompteur kommen; Spaßmacher
verliert die Haube und setzt sie sich gleich wieder auf
Diese Schritte beweisen ja
daß er betrunken ist
lauter
Daß dieser Mensch
betrunken ist
Dompteur tritt auf
JONGLEUR *zu Caribaldi, wie der Dompteur auftritt*
Es ist eine Unglücksreise
nach Augsburg
CARIBALDI
Nach Augsburg
Morgen Augsburg
zum Jongleur über den an der Tür
stehengebliebenen Dompteur
Ein betrunkener Neffe
der das Klavier
mit dem Biertisch verwechselt
zum Dompteur
Betrunken
stinkend
Als ob dir immer ein Rettich
im Maul verfault
zum Jongleur
Dieser Mensch tritt nurmehr noch
als Betrunkener auf

Er schützt seine Verletzungen vor
Er haßt nichts tiefer
als das Forellenquintett
Er ist von der Brutalität
besessen
Dompteur nimmt sich vom Klavier einen großen
Rettich, der dort die ganze Zeit gelegen war;
mit dem Rettich zu Caribaldi, Caribaldi stößt
den Dompteur mit dem Cellobogen weg; zum
Jongleur
Ein abstoßender Mensch
in der Rolle
eines abstoßenden Menschen
zur Enkelin
Daß wir nur mit dem Abstoßenden verwandt sind
verschwistert und verschwägert
mit dem Abstoßenden
zum Jongleur
Aus einem Ungeheuer
einen Menschen
gar einen Artisten
einen Musikkünstler machen
alle zupfen von jetzt an immer nervös an ihren
Instrumenten, oder streichen mit der gleichen,
sich ständig steigernden Nervosität auf ihren
Instrumenten, vor allem der Jongleur.
Caribaldi um sich schauend
Als wäre die Probe möglich
ruft aus
Die Probe ist unmöglich
dem Dompteur aufs Gesicht zu
Dieser Mensch
hat sie wieder unmöglich gemacht
immer wieder dieser Mensch
Dompteur zum Klavier, setzt sich hin und haut
mit dem einbandagierten Arm auf die Tasten
Die Unverschämtheit
sitzt am Klavier
Der Kunstzertrümmerer
zum Jongleur

Der Kunstzertrümmerer

Der Kunstzertrümmerer
Spaßmacher läßt die Haube ins Gesicht rutschen
und bleibt mit ins Gesicht gerutschter Haube

CARIBALDI

Der Kunstzertrümmerer
Dompteur schlägt den einbandagierten Arm auf
die Tasten
Der Kunstzertrümmerer
der die Kunst zertrümmert
ruft aus
Der Niedrige am Klavier
zum Jongleur
Menschenmöglich
sehen Sie
menschenmöglich
Dompteur haut zweimal mit dem einbandagierten
Arm auf die Tasten; Caribaldi pathetisch zum
Jongleur
Jahrzehnte
Jahrhunderte
werden auf solche Weise zertrümmert
Der Kunstzertrümmerer

JONGLEUR

Der Kunstzertrümmerer

CARIBALDI

Die Bestien zertrümmern
die Kunst
hören Sie
die Kunst wird zertrümmert
Dompteur haut mehrere Male mit dem
einbandagierten Arm auf die Tasten
Das hätte ich wissen müssen
daß es sich um ein Tier handelt
Dompteur haut mehrere Male und immer
wuchtiger mit dem einbandagierten Arm auf die
Tasten, schließlich wirft er sich immer wieder
mit der Schulter auf das Klavier. Enkelin streicht
ein paarmal auf der Viola. Spaßmacher zupft

194

an der Baßgeige

JONGLEUR
Zweifellos
eine Ungezogenheit
eine Ungezogenheit
zweifellos
Dompteur trommelt mit beiden Armen auf den
Klaviertasten. Spaßmacher
verliert seine Haube und setzt sie sich gleich wieder auf
Enkelin streicht die Viola zweimal

CARIBALDI
Das Kind versteht nicht
was hier gespielt wird
zum Jongleur
Sehen Sie
meine Enkelin

JONGLEUR
Ein braves Kind
Dompteur trommelt wieder auf den Tasten herum;
Jongleur ruft aus
Eine entsetzliche Szene
Herr Caribaldi

CARIBALDI
Eine entsetzliche Szene

JONGLEUR
Die Zustände
die Umstände
die Zustände
wie die Umstände
sie sind so

CARIBALDI
Umsonst
wieder alles umsonst
wie wenn er völlig erschöpft wäre, streicht er einen
langen Ton auf dem Cello. Enkelin begleitet ihn
auf der Viola. Caribaldi plötzlich auffahrend,
zum Dompteur
Hinaus
hinaus
Er muß hinaus

noch heftiger
Das Tier muß hinaus
hinaus das Tier
Jongleur steht auf
Fort
fort
den Menschen fort
das Tier weg
weg das Tier
Dompteur läßt seinen Kopf auf die Klaviertasten
fallen, die Arme fallen, Caribaldi schreit
Weg
weg
weg
will aufspringen, kann aber nicht, setzt sich wieder.
Enkelin zupft an der Viola
Das Tier weg
weg das Tier
JONGLEUR *einen Schritt zurücktretend*
Natürlich
Herr Caribaldi
zum Dompteur, den er bei den Haaren packt;
dreht sich nach dem Spaßmacher um;
Spaßmacher läßt die Haube fallen und setzt sie sich gleich
wieder auf, springt auf und zum Dompteur hin.
Jongleur und Spaßmacher heben den Dompteur, der
volltrunken ist, auf
Er kann nicht mehr
auf den Beinen stehen
Herr Caribaldi
CARIBALDI *nach einer Pause*
Weg
weg
hinaus
JONGLEUR
Das Leben besteht darin
Fragen zu vernichten
CARIBALDI *vom Dompteur, von allem abgestoßen*
Weg
weg

weg
Enkelin läßt die Viola fallen; Jongleur und
Spaßmacher mit dem Dompteur ab. Caribaldi
nach einer Pause zur Enkelin
Siehst du
hörst du
siehst du
Enkelin stürzt entsetzt, aber wortlos den andern
nach. Caribaldi erhebt sich langsam, mühselig
und stellt das Cello an die Wand und fängt an,
Notenständer, Instrumente und Sessel an die
Wände und in die Ecken zu stellen, wie wenn
er alles aufräumen wollte – plötzlich, immer
schneller, immer hastiger. Hat er alle Sessel und
alle Notenständer weggeräumt, läßt er sich in den
Fauteuil fallen, läßt den Kopf sinken und sagt
Morgen Augsburg
Er dreht das Radio neben sich auf. Aus dem
Radio das Forellenquintett. Fünf Takte

Ende

Aufführungsdaten

Der Ignorant und der Wahnsinnige
Uraufführung: Salzburger Festspiele, 29. Juli 1972
Regie: Claus Peymann; Dekoration: Imre Vincze; Kostüme:
Magda Gestrein

1972
Berlin, Schloßpark-Theater
Zürich, Schauspielhaus
Essen, Bühnen der Stadt

1973
Hamburg, Deutsches Schauspielhaus
München, Kammerspiele
Freiburg, Kleines Theater am Wallgraben

Die Macht der Gewohnheit
Uraufführung: Salzburger Festspiele, 27. Juli 1974
Regie: Dieter Dorn; Bühnenbild: Wilfried Minks
Die deutsche Erstaufführung fand am 27. Februar 1975 im Rah-
men einer Gastspielreise statt, die die Suhrkamp Theaterproduk-
tion mit der Salzburger Inszenierung arrangierte.

Zeittafel

1931 geboren, am 10. Februar in Heerlen/Holland, als Sohn eines österreichischen Landwirtes und der Tochter des Schriftstellers Johannes Freumbichler.

1932 bei den Großeltern (mütterlicherseits) in Wien.
Übersiedlung mit den Großeltern nach Seekirchen am Wallersee.

1937 Übersiedlung mit den Großeltern nach Traunstein, Oberbayern.
Erster Musikunterricht bei Prof. Westermayer.
Zeichen-, Englisch- und Französischunterricht.

1942 Internat Salzburg, Gymnasium.

1943 Tod des Vaters.
Geigenunterricht bei Prof. Steiner.

ab 1945 Musikästhetik bei Prof. Theodor W. Werner.
Gesangsunterricht bei Maria Keldorfer.

ab 1947 kaufmännische Lehre.
Gedichte.

1949 Tod des Großvaters.

1950 Tod der Mutter.

bis 1951 Lungenheilstätte Grafenhof.
Erste Prosaveröffentlichung *Vor eines Dichters Grab* im *Salzburger Volksblatt*.

1952 Wiederaufnahme des Musikunterrichts.
Erster Aufenthalt in Venedig.
Akademie Mozarteum.
Freiplatz der Akademie für Musik und Darstellende Kunst in Wien.

1953 Erste Jugoslawienreise.

bis 1955 Gerichtsreporter des sozialistischen *Demokratischen Volksblatts*.

1956 Sizilien.

1957 Bosnien, Herzegowina.
Erster Gedichtband *Auf der Erde und in der Hölle*.
Ordentlicher Abschluß der Studien am Mozarteum.

1959 *Die Rosen der Einöde, Fünf Sätze für Ballett, Stimmen und Orchester,* Frankfurt.

1960 Aufführung mehrerer kurzer Schauspiele unter der Regie von Herbert Wochinz durch Schauspieler des Theaters in der Josefstadt in Maria Saal in Kärnten.
Englandaufenthalt.

Von Thomas Bernhard erschienen

Frost. *Roman*
Insel Verlag 1963,
suhrkamp taschenbuch 47, 1972

Amras. *Erzählung*
1964, edition suhrkamp 142, 1965

Verstörung. *Roman*
1967, Bibliothek Suhrkamp 229, 1970

Prosa
1967, edition suhrkamp 213

Ungenach. *Erzählung*
1968, edition suhrkamp 279

Ein Fest für Boris. *Stück*
1968, edition suhrkamp 440

Watten. Ein Nachlaß
1969, edition suhrkamp 353

Das Kalkwerk. *Roman*
1970

Midland in Stilfs. *Drei Erzählungen*
1971, Bibliothek Suhrkamp 272

Gehen
1971, suhrkamp taschenbuch 2

Der Ignorant und der Wahnsinnige. *Stück*
1972, Bibliothek Suhrkamp 317

Die Jagdgesellschaft. *Stück*
1974, Bibliothek Suhrkamp 376

Die Macht der Gewohnheit. *Stück*
1974, Bibliothek Suhrkamp 415

Korrektur. *Roman* (erscheint 1975)

Der Präsident. *Stück*
1975, Bibliothek Suhrkamp 440

Über Thomas Bernhard
Herausgegeben von Anneliese Botond
edition suhrkamp 401

Alphabetisches Gesamtverzeichnis der suhrkamp taschenbücher